Abriendo Viejos y Olvidados Baúles

Abriendo Viejos y Olvidados Baúles

¿Sabía Usted . . . ?

Lilian J. Aguayo

ISBN:	Tapa Blanda	978-1-4633-1540-5
	Libro Electrónico	978-1-4633-1539-9

Este Libro fue impreso en los Estados Unidos de América.

Para pedidos de copias adicionales de este libro, por favor contacte con:
Palibrio
1663 Liberty Drive, Suite 200
Bloomington, IN 47403
Llamadas desde los EE.UU. 877.407.5847
Llamadas internacionales +1.812.671.9757
Fax: +1.812.355.1576
ventas@palibrio.com
380492

Contenido

Dedicado a mi amado padre Manuel Aguayo García, por toda la confianza que siempre depositó en cada uno de mis proyectos, y a Alicia Martínez, una madre simplemente maravillosa.

Gracias a mi Creador y a mí amado esposo y fiel amigo.
Gracias madre, amiga, compañera, por enseñarme a creer,
a soñar y a heredar de ti el amar.
Padre amado, gracias por encaminar mis pasos por este mundo de bien.
Gracias ángeles míos, por el brillo de sus ojos que son la fuerza de mi vida.
Y a todos los familiares y amigos que han construido mi alegría
Gracias por estar a mi lado . . .

Introducción

Escoger la tesis de graduación en mi Universidad fue un verdadero desafío, decidiendo finalmente un tema conocido desde la antigüedad, pero olvidado a través de los adelantos y cambios Tecnológicos ''El Naturismo''. Muchos libros y estudios profundos han sido editados, con este tema, pero con un lenguaje de difícil entendimiento y no fáciles y reales de aplicar.

He tenido la tremenda oportunidad de conocer un grupo de amigas muy especiales y visionarias, las cuales conocen a un nivel elevado las garantías de este sistema casi olvidado e ignorado en esta moderna sociedad. Este sistema que no solo envuelve alimentación, sino que mental actitud, espiritual condición y la llamada medicina non tradicional.

Mi gran amiga Lilian ha tomado la iniciativa, llevándonos la delantera en editar este libro; simple y accesible a todo público; fácil de entender y aplicar en nuestra vida diaria.
El uso de recetas y "datitos" aquí presentados ayudara a nuestro organismo a limpiar los tóxicos nocivos acumulados y a incrementar nuestro sistema inmune; por ejemplo: una taza de agua, cuatro pasas y dos ciruelas en ayuna cada día en un adolescente limpiaran las impurezas de su cara, manteniendo un buen movimiento intestinal e impidiendo la acumulación de toxinas en el cuerpo, simple, económico y sin efectos secundarios en un organismo normal.

Siempre recuerdo a mi abuelita con su decir ''Una manzana al día pondrá al doctor fuera de tu vida''. Al tratar de entenderlo es bien simple, lógico y científico. ¡Limpia tu intestino que es donde ocurre la asimilación de los alimentos! después de pasar por el proceso del estomago y asimila una pro-vitamina llamada caroteno que es transformada como vitamina y distribuida a todo el cuerpo a través de las vellosidades intestinales hacia el torrente sanguíneo, como parte de la mantención del organismo en óptimas condiciones.

Hemos aprendido, por nuestros antepasados; e incluso leído en el más antiguo libro LA BIBLIA, de tantas buenas recetas naturales que fueron transmitidas de generación a generación, siendo perdidas a través del tiempo y por esta sociedad de consumo y rápido estilo de vida. Una dieta balanceada reemplazando químicos y sustancias nocivas, harán un gran cambio en nuestro hábitos alimenticios, beneficiando al cuerpo humano y proyectara una visión futurista de una mejor y prolongada vida, sin olvidar que en la naturaleza todo está en un perfecto balance ''Cuerpo, salud y espíritu''. Es tiempo de poner esto ahora en acción, porque puede que llegues a un camino sin salida. Lee las páginas de este libro que han sido copiladas con un deseo profundo de ayudarte a ti y a tu futura generación.

Congratulaciones a ti Lilian, por tu logro e inspiración y ustedes, lectores, por poner el primer pie en un mundo que les brindara esperanzas de una vida mejor. Renee Neumann Profesora de Nutrición y Química de los Alimentos, con mención en Técnicas Especiales Salud y Bienestar. Universidad de Santiago Chile. Especialista en Nutrición del Adulto. Universidad Católica de Chile. Especialista en Planificación en Salud Pública. Universidad Técnica del Estado Chile. Especialista en Child Care Resource. Utah Valley State University. U.S.A.

Prologo

La vida cotidiana hoy en día nos mantiene en extremo ocupados y en constante stress, el trabajo, los hijos, cuentas por pagar, compromisos sociales, gastos desmedidos, crisis financiera etc., nos han hecho olvidar casi por completo el verdadero sentido de una vida saludable, nos han alejado de los libros y de la necesidad de aprender de ellos, dejando como último recurso en nuestras prioridades la lectura y el aprendizaje de beneficiar nuestra vida y la de los que amamos.

La sociedad moderna vive a carreras y nos agota, nos obliga a adquirir pésimos hábitos alimenticios y nos empuja sin piedad a la necesidad obligada de consumir comidas rápidas, enlatados colmados de persevantes, altas dosis de azúcar en sodas y bebidas energéticas de moda, frituras de baja calidad y carentes totalmente de nutrientes necesarios para nuestro cuerpo.

Las grandes ciudades destruyen nuestros pulmones y nos ofrecen aires contaminados, aguas de dudosa potabilización y elementos tóxicos en casi todo lo que ingerimos! Con todo este panorama diario . . . nos hemos olvidado de esos maravillosos gigantes llamados árboles, hemos olvidado respirar la pureza de la lluvia empapando la madre tierra, hemos dejado atrás las sabrosas y saludables recetas de nuestras abuelitas, los "secretitos" naturales para sanarlo todo., las pomaditas caseras para curar las rodillas raspadas de nuestros pequeños, y las sabrosas y milagrosas "sopitas de pollo".

¡Estamos tan lejos de aquellos tiempos!! . . . . Es alarmante como las costumbres han cambiado y como hemos, sin darnos apenas cuenta, arrinconado tanta sabiduría en viejos y olvidados baúles.

Este libro nace de una necesidad personal de abrir de nuevo esos viejos y empolvados Baúles de antaño . . . tratando de rescatar parte de nuestras verdaderas raíces . . . . un hambre de aprender y una búsqueda de años de respuestas a preguntas tan simples como . . . Por qué debemos tomar agua ? . . . .

Este libro nace de la necesidad urgente de enseñar a nuestros niños y legarles sabios consejos, viejos buenos hábitos de vida sana, las bondades de la madre naturaleza, la correcta administración de alimentos nutritivos, y el cuidado junto con ello, de todo nuestro entorno. Cada una de las preguntas expuestas en este libro, estuvieron en algún momento inundando y perturbando mi mente; escritores famosos, viejas revistas médicas, amigos profesionales de la salud, artículos interesantes en el internet, secretos milenarios, datos prácticos y simples propias deducciones, me inspiraron para escribirlo, teniendo como objetivo principal, ayudar a volver a nutrirnos en sabiduría y conocimiento, y tratar de cambiar un poco las grandes carencias de hoy en día.

Pensé en mis seres queridos . . . . en mis amigos . . . ¡pensé en usted! . . . y por medio de él, dar a conocer y compartir lo que he recopilado como información necesaria para provocar un cambio en sus vidas.

Mi mayor aspiración, es hacer que de estas muchas interrogantes, por lo menos una llegue a despertar su interés y pueda motivarlo a experimentar algún cambio favorable en su vida. Si esto llega a ocurrir, entonces mi trabajo de largas horas habrá valido la pena dando los frutos esperados y estaré agradecida a mi Dios amado por darme la oportunidad de ser partícipe de tan magno acontecimiento. Dese tiempo . . . ¡lo invito! . . . . ¡Léalo! . . . . siéntalo y llévelo a su hogar . . . . enseñe a los suyos la importancia de adquirir conocimiento, ayúdelos a desarrollar el maravilloso hábito de la lectura . . . . depende de usted!! . . . encaminémonos juntos a un mundo donde podamos vivir mejor y ser más felices. Lo invito entonces a navegar en las buenas ideas, . . . ¡increíbles datos y sabios y saludables consejos! . . . . ¿Sabía usted? . . . . Este libro ahora es suyo . . . . ¡Disfrútelo!!

¿Sabía Usted? . . . ***¿que existen fórmulas para una alimentación saludable? . . .***
¡y que sólo necesitamos un poco de tiempo y disciplina . . . . !

Nos hemos acostumbrado a comer todo lo que ponemos frente a nuestros ojos . . . vivimos para comer y no comemos para vivir.

Las propagandas comerciales, luminosos carteles con jugosas hamburguesas, refrescantes y burbujeantes sodas de moda, apetitosos "bocadillos azucarados etc. etc . . . nos han hecho perder completo control de lo que realmente nuestro cuerpo necesita y esto nos lleva a "llenarlo" de azucares y grasas casi imposibles de digerir . . . empujando sin piedad a nuestro organismo a las tan temidas enfermedades de hoy en día: cáncer de colon, diabetes, y la tan común y alarmante obesidad.

Pongamos mucha atención a estos útiles consejos;

1. Debemos comer con moderación e incluir alimentos variados en todas las comidas, en lo posible 3 veces al día, incluyendo sobre todo frutas, verduras y mucha agua.
2. Muy importante es incorporar a nuestro día una caminata ligera y /o actividades físicas de 20 a 30 minutos.
3. No olvidemos que el desayuno es la comida más importante del día y debería comenzar siempre con una fruta y 1 o 2 vasitos de agua.

4. Consumir a diario lácteos en cualquiera de sus formas tales como yogures o quesos. La leche se puede tomar también en licuados, postres, helados caseros o mezclados con algunas comidas. La de soja, arroz, almendras son por supuesto las más saludables.
5. Evite tomar leche entera o de alto porcentaje de grasa, especialmente para los adultos. se recomienda descremada o 1% de grasa. Para los recién nacidos la leche materna es sin duda la mejor y debería tomarse por lo menos los 6 primeros meses de vida.
6. Comer variedad de carnes blancas, como pavo, pollo y pescado son siempre una buena opción, evitando en lo posible el exceso de carnes rojas, los embutidos y fiambres. Los huevos aportan también una importante cantidad de proteína, pero debemos ser cuidadosos en consumir no más de 3 a la semana . . . a menos que su ingesta sea cruda o en licuados.
7. Aumentar el consumo de cereales tales como trigo, harinas y pastas integrales, avena, cebada, soya y legumbres. (Lentejas, arvejas, fréjoles o porotos y garbanzos.) Evitar el consumo excesivo de masas, pan blanco, tortas, bocadillos, pastelitos helados de crema, galletas de azúcar y todo lo que contenga esta en exceso.
8. Evite en lo posible la ingesta de bebidas alcohólicas, sodas, cafeína, y energizantes de moda.
9. ¡Disminuir el consumo de azúcar! Los apetitosos candies, dulces y golosinas en general, no solo dañan nuestros dientes, sino que nos hacen subir de peso, envejecer prematuramente dando paso a las arrugas prematuras y hacernos candidatos seguros a peligrosas enfermedades como la diabetes. Trate en lo posible de consumir azucares no

refinadas como la miel y azúcar morena y/o orgánica. Mientras más oscura . . . . menos procesada . . . y más saludable.

10. Consuma moderadamente la sal, ya que esta en exceso produce retención de líquido en nuestros tejidos y a la vez produce aumento de peso y riesgo de problemas cardiacos futuros. Trate de consumir sal natural de mar. Esta siempre es mucho más saludable.
11. Evite el consumo diario de gaseosas y bebidas dulces artificiales . . . beba en cambio mucha agua, y jugos de fruta natural.
12. Evite el consumo de aceites vegetales y adopte el aceite de oliva y/ o canola en sus comidas . . . descubrirá que a la larga es más económico ya que con ello estará no solo nutriendo y beneficiando a su familia, sino que también evitará futuros trastornos digestivos y peligrosas enfermedades circulatorias.
13. Aumentar el consumo diario de frutas y verduras, sobre todo en ayunas, genera una máxima y total absorción de todas las vitaminas y nutrientes que en ellas se encuentran. Se recomienda por lo menos 5 porciones diarias

En cuanto a las verduras . . . debemos consumirlas de preferencias crudas o cocidas al vapor. Las ensaladas procuremos condimentarlas con jugo de limón, sal y aceite de oliva o simplemente con vinagre de su preferencia.

¿Sabía Usted? . . . ***¿que el agua es imprescindible para la vida? . . . .*** **¿Que la** mayor parte del cuerpo de los organismos vivos está compuesta por este elemento? ¿Y que en la tierra esta cubre casi el 70% de su superficie? . . . Sin embargo, solo un 3% es dulce, y de ese porcentaje, solo una pequeña proporción puede ser potabilizada. Por esta razón es tan importante que todos la cuidemos y evitemos derrocharla.

Las reservas de agua potable en la tierra se encuentran amenazadas por el consumo excesivo y por la presencia de fuertes contaminantes. Todos podemos realizar acciones para cuidar este elemento vital:

-. Evitar pérdidas en las cañerías y en el inodoro.
-. Reparar las llaves que gotean.
-. No dejar llaves abiertas sin necesidad.
-. Al lavarse los dientes solo abrirla para enjuagarse la boca y usar de preferencia un vasito.
-. No tirar basura ni elementos contaminantes (aceite, grasa, productos químicos etc.) en las cañerías.
-. No lavar los vehículos con manguera, utilice en lo posible baldes de agua.
-. Cuando lavemos los platos, colocar el tapón. Se puede llegar a ahorrar hasta 80 litros de agua.
-. Utilice la lavadora y el lavavajillas cuando estén completas de carga, ahorraremos agua y energía.
-. El tomar una ducha en vez de bañarse, puede ahorra hasta 100 litros de agua cada vez.

Recuerde que somos responsables de cuidar nuestro planeta y no solo eso, estaremos también ahorrando agua y energía en nuestros hogares . . . **No permitamos que este maravilloso elemento vital deje de existir por nuestra negligencia . . . .**

¿Sabía Usted? . . . ¿que los abrazos son poderosos y absolutamente necesarios para el bienestar físico y emocional?

Estudios científicos afirman que el abrazar y ser abrazados acrecienta la alegría y la salud, nutre el alma, y refuerza la autoestima. Todo funcionará mejor durante el día, si abrazamos o nos dejamos abrazar. Aún cuando sabemos que dar o recibir un abrazo es algo simple y cotidiano, desconocemos la dimensión de plenitud que nos proporciona. Hay una infinidad de emociones que son estimuladas solo al contacto físico generado con un cálido y espontáneo abrazo de un ser querido, o de alguien que sólo desea hacerlo con un gesto de cariño. El Abrazo es la primera forma de medicina y protección que se inventó en el mundo. Los expertos en la materia, tienen mucha razón al decir que "en su forma más elevada, abrazar es también un arte", una de las formas más naturales, puras y espontáneas de demostrar afecto y cariño . . . y además, genera muchos beneficios, como:

* Alivia en los bebes los miedos.
* Acrecienta en los enfermos la voluntad de vivir y seguir adelante.
* Genera un efecto positivo en el desarrollo del lenguaje y en el coeficiente intelectual de los niños.
* Provoca alteraciones fisiológicas positivas en quien toca y en el que es tocado.
* Es democrático, ya que cualquier ser humano, sin importar raza, color, religión ni política es natural candidato para dar o recibir un abrazo.
* Crea lazos más estrechos entre los individuos, ya que rompe las barreras emocionales.

Sabemos que depende de nosotros como eduquemos a los hijos . . . Si ellos crecen viendo a los padres abrazarse entre si, manifestándose afecto y cariño, al igual que con sus familiares y amigos, ellos repetirán la muestra de afecto con sus pares, creando así una cadena de hábito que reforzarán la auto estima y harán que sean más exitosos y felices. Este gesto se da en todos los niveles de relación interpersonal. Todos tenemos necesidad de tocar y ser tocados, de amar y ser amados . . . . el amor retenido puede convertirse en dolor, y con ello, llenar nuestra vida de baja auto estima, que nos podría eventualmente a soledad y desamparo. Es triste ver como el acelerado diario vivir nos aparta de estas básicas "recetas" para ser más felices y vivir una vida plena y mejor, limitándonos a abrazar solo en fechas especiales, navidades, aniversarios y festividades, y no hacerlo habitual, ni disfrutarlo como algo "nutritivo" o como la gran "medicina' que realmente es un ABRAZO! . . .

El afecto, el contacto físico y el cariño, son una de las necesidades fundamentales del ser humano, al igual que el agua y el alimento.

Estar siempre dispuestos a abrazar y ser abrazados, es una actitud que se aprende, afirmamos la capacidad de descubrir la ternura y la alegría que hay en nosotros y la riqueza interior que nos nutre.

¿Esta dispuesto? . . . . comience desde hoy . . . viva la diferencia!

¿Sabía Usted? . . . ¿que el ajo es un poderosísimo desinfectante?

Sus propiedades están basadas sobre todo en la gran cantidad de azufre que contiene, además de calcio, fósforo, hierro, sodio, potasio, vitaminas A, B, C y nicotina mida, es un excelente depurador de sustancias tóxicas, ayuda a desinfectar notoriamente problemas de garganta, faringe, y bronquios, y es muy beneficiosa en resfriados, bronquitis y neumonías. Sus maravillosas propiedades le permiten disminuir notablemente los niveles de grasas como el colesterol, los triglicéridos y el ácido úrico, hace la sangre más fluida, previniendo la formación de trombos y coágulos.

- Actúa favorablemente en la disminución de glucosa en la sangre por lo que se recomienda a los diabéticos.
- Regula la tensión arterial, sobre todo cuando está alta, debido a que produce vasodilatación y disminuye el número de latidos cardiacos, de ahí que sea muy útil para prevenir y curar anginas e infartos.
- Elimina los gases, toda clase de parásitos, larvas y lombrices en el intestino, regula el sistema intestinal sirviendo de laxante en caso de estreñimiento y de excelente ayuda en caso de diarrea.
- Posée una cualidad cicatrizante increíble, sobre todo en heridas. (Se fríe ajos en aceite de coco y se aplica en las heridas)
- Útil en herpes y en hongos externos e internos.
- El sistema nervioso también se ve altamente favorecido con este magnífico alimento, ya que contiene propiedades antidepresivas debido a que aumenta eficazmente la vitalidad, y mantiene la mente despejada y lúcida . . .

¡TODO ESTO ES INCREÍBLE! . . . . TAN PEQUEÑO Y TAN MARAVILLOSO . . . . ¿VERDAD? ¿SE ANIMA? . . . . ¡UN SOLO DIENTE DE AJO DIARIO CAMBIARÁ RADICALMENTE SU VIDA!! . . .

(Ingerir uno o dos dientes de ajo diariamente puede otorgarnos importantes beneficios de salud pero en términos de nuestras relaciones sociales puede que no sea lo mejor.

¡COMPRE CAPSULAS DE AJO EN LAS TIENDAS NATURISTAS! . . . .)

¿Sabía Usted? . . . ***¿lo energizante que es abrazar un árbol?*** que acercarse a los arboles y abrazarlos y tomar toda la energía que necesitamos ayuda a liberarnos del estrés y a curarnos de enfermedades? . . . ¡Hay muy pocas cosas que pueden superar a la maravillosa experiencia de estar dentro del campo energético de los arboles! . . . todo los sentidos se energizan y son inundados por esa presencia, dejando que la energía nos cubra completamente. Se trata de entregarse uno mismo y pedir el apoyo energético de estos maravillosos gigantes. No hay necesidad de un manual de instrucciones para vivir esta increíble experiencia . . . . el corazón debe ser la guía y la mente debe estar dispuesta a recepcionar lo que realmente nuestro cuerpo necesita. Podemos utilizar la energía de los árboles y su espíritu tanto en un bosque, parque o lugar montañoso, es posible que tengamos nuestro propio árbol en casa o un parque que frecuentamos. Lo importante es que podamos estar en contacto directo con la naturaleza para así restablecer nuestros centros de energía, logrando equilibrar nuestro ser. No son muchos los que se atreven a hacerlo . . . acercarse a un árbol y tomar la decisión de abrazarlo y pedirle que comparta su energía con nosotros por unos momentos parecería una locura para la mayoría de la gente, pero podemos vivir la experiencia, oxigenar nuestros pulmones, sentirnos libres y solo prepararnos para recepcionar esta maravilla de la creación . . . . energía revitalizadora y sanadora. Hay formas básicas de experimentar las energías de los arboles, como simplemente pararse cerca de uno, cerrar los ojos y permitir que nuestro cuerpo y mente logren relajarse unos cuantos minutos . . . También el árbol puede ser energizado, al abrazar su tronco con todo el cuerpo y permitir el encuentro de las dos energías.

En las tradiciones más antiguas, las personas buscaban un árbol y se abrazaban a su tronco, para transmitirle sus angustias y preocupaciones y para recibir la fuerza de la energía universal que podía curar sus enfermedades y sanar su cuerpo. También hoy los naturópatas recomiendan abrazar un árbol en momentos de soledad y tristeza.

Los árboles nos ayudan a establecer contacto con el poder de la naturaleza, trabajan para sanarnos, relajarnos, fortalecernos y, sobre todo, ayudan a comunicarnos los mensajes de la madre Tierra . . . . "NO OLVIDE ABRAZAR UN ÁRBOL"

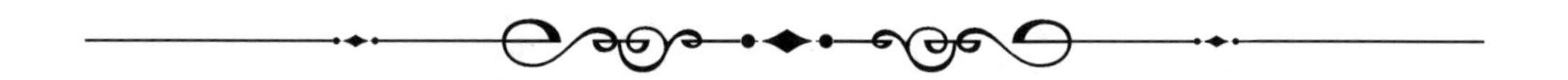

¿Sabía Usted?. . . ¿que la AVENA (quaker) es uno de los alimentos más completos de la naturaleza? . . . . ¿y que de ninguna manera "engorda"? . . .

Es más, es una de las mejores fuentes de fibra saludable, complejo B, vitamina A y E, calcio, magnesio, zinc, potasio y sodio . . .

La Avena por sí sola no engorda, lo que produce aumento de peso son las combinaciones con otros alimentos altos en grasa como leche entera, nata y/o azucares refinadas.

Este maravilloso alimento estimula la función digestiva y tiene comprobadas propiedades antioxidantes. Es excelente para los huesos y para el tejido conjuntivo. y aun más, la avena presenta unas cualidades dermocosméticas muy importantes. Por ello es uno de los principales activos de muchos de los productos de cosmética hoy en día, ya que produce una acción hidratante y emoliente sobre la piel. Consumir avena proporciona también mucha energía, contiene 37 % de carbohidratos, sustancias de fácil asimilación y absorción lenta. Esto convierte a este cereal en un alimento sano y favorable para los diabéticos, debido a que no causa descompensaciones bruscas en la segregación de insulina y favorece la sensación de saciedad, lo que es muy importante cuando se intenta controlar peso corporal.

Un buen tazón de avena, combinada con frutas cítricas frescas y miel por las mañanas presenta múltiples beneficios, ya que no solo es delicioso, sino que también ayuda a reducir el colesterol y la tensión arterial.

¡Todo esto y más, la hacen un alimento perfecto!

Consuma platos elaborados con avena a partir de ahora, y verá como su capacidad energética aumenta. ¡Anímese!! ¡Incorpórelo a su dieta! . . . . sentirá la diferencia y le aseguro que se verá beneficiado de sus increíbles y maravillosas propiedades.

¿Sabía Usted? . . . ***¿que sólo dos aspirinas disueltas en agua pueden salvar su vida?***

Frente a los primeros síntomas de un ataque cardiaco, como dolor en el pecho y brazo izquierdo, dolor intenso en el maxilar inferior, así como nauseas y sudor abundante . . . ¡Lo primero que debemos hacer es tomar dos aspirinas disueltas en agua! luego de eso, debe llamar de inmediato a la ambulancia, sentarse, procurando mantener los pies a una altura superior a su cuerpo en espera de ayuda.

Estos "secretitos", que la verdad, no lo son del todo, son de suma importancia y debemos considerarlos, sobre todo si sabemos que somos candidatos a sufrir infartos cardiacos. Por precaución, las aspirinas siempre deben estar presentes en nuestro velador o en el lugar más frecuentado en nuestro hogar. Sin duda alguna . . . podríamos evitarnos el mal rato. Los problemas de este tipo, en muchos casos hereditarios, pueden ser manejables, mucho más aún cuando tenemos conciencia de lo que nuestro cuerpo en verdad necesita para permanecer sano.

¿MUY IMPORTANTE ? . . . .

* Adoptar una dieta balanceada basada en el abundante consumo de vegetales frescos, jugos de frutas, aceite de oliva y alimentos ricos en potasio y magnesio, es vital.

* La ingesta de uvas es muy efectivas, ya que está comprobado que ayuda a reducir la presión sanguínea y mejorar la función cardiaca, al igual que las fresas, kiwis, mangos . . . etc. (estos últimos fortalecen los músculos cardiacos y regulan el sistema nervioso).
* Evitar el alto consumo de sal refinada, azúcar blanca y productos altos en grasas saturadas como comida chatarra embutidos y productos fritos.
* Disfrutar de alguna actividad física como caminatas diarias, o de relajación (leer, hacer yoga, etc.)
* Trabajar relajadamente, sin presión del tiempo.
* Evitar el consumo de tabaco, alcohol, y cafeína y cambiar viejos y malos hábitos generales . . . harán sin duda una enorme diferencia en su salud.

Como datito adicional, otra medida efectiva frente a un posible infarto es inspirar profundamente y toser con mucha energía, repitiendo cada 3 o 4 segundos esperando que llegue ayuda médica.

¿Sabía Usted? ***. . . ¿que caminar descalzo ayuda a activar la circulación venosa, tonifica los músculos y es maravillosamente relajante? . . .***

¡El andar descalzo es un excelente hábito!! . . . ¡sobre todo cuando lo hacemos en la ¡ arena! . . . El contacto con lo natural, y al hacerlo a paso rápido, hace que nuestros pies reciban un reconstituyente masaje, activando y equilibrando con ello importantes puntos energéticos de nuestro cuerpo. Al entrar en el agua se produce una diferencia de presión desde los pies a la cabeza y corazón, esto impulsa el retorno venoso y activo la circulación de la sangre. Por ello, el mar es recomendable para mejorar varices, mala circulación, hemorroides, y por su alto contenido de yodo, es sabido también que estimula la glándula tiroides.

Hay que destacar que la arena de playa por contener ricos minerales, es también, un excelente exfoliante natural, por lo que notará pronto que los pies se tornan más suaves. Los baños de mar contribuyen a eliminar las toxinas, porque la diferencia de presión entre el aire y el agua estimula el retorno venoso y favorece la eliminación de líquidos por el sudor y los riñones, produciendo así un drenaje linfático muy natural.

Los expertos en medicina preventiva y los últimos estudios científicos aportan cada vez más razones para hacer de la caminata una actividad diaria imprescindible e infaltable en nuestra lista de hábitos saludables.

¿Caminar . . . . ?

. . . un verdadero tónico para las células y se recomienda por lo menos 30 min diarios, fortaleciendo con ello músculos, articulaciones, ligamentos y huesos. Aparte de mejorar el sistema cardiovascular, tonificar oxigenar, acelerar el metabolismo, liberar endorfinas y eliminar estrés.

. . . . una excelente terapia para las personas que sufren de depresión, reduce por ende, los pensamientos negativos, el enojo, la tensión y el cansancio. ¡Es notable como interviene en el bienestar psicológico y emocional! caminar a lo menos 30 min. Diarios, mejora también la salud del corazón y reduce considerablemente los niveles de colesterol . . . . ¡Por lo menos tres veces por semana! . . .

Entre sus muchos beneficios es sabido que detiene el avance de la enfermedad arterial periférica, que es una de las causas más comunes del dolor de piernas en las personas mayores.

. . . . ¡sin zapatos!! . . . esto hace que se desarrolle más fuerza en los músculos de los pies piernas y caderas, teniendo en cuenta que las superficies mas recomendadas son la arena de playa y el césped o pasto fresco.

. . . . acelera el crecimiento, en niños y adolecentes. y a su vez evita la pérdida de masa ósea y muscular en adultos, la cual sabemos, se va perdiendo con el paso de los años.

¿Se anima ? . . . . ¡Pues entonces adelante!! . . . Quítese los zapatos y atrévase . . . . ¡los beneficios serán asombrosos!

¿Sabía Usted? . . . ***¿que las carnes rojas en exceso pueden aumentar el riesgo de contraer artritis?***

La artritis reumatoide es una enfermedad que afecta las articulaciones o coyunturas, causa dolor, hinchazón y rigidez. Lamentablemente todos somos candidatos a padecerla, aunque ocurre con más frecuencia entre las mujeres. La artritis reumatoide comienza a menudo durante la edad mediana y es más común entre las personas de edad avanzada. Aunque también se manifiesta a veces en niños y jóvenes.

Según un estudio científico en la Universidad de Manchester (Inglaterra) recogido por la BBC. Las personas que consumen una gran cantidad de carne roja poseen un mayor riesgo de desarrollar artritis reumatoide, La investigación reveló que las personas que consumen carne todos los días tienen el doble de riesgo de contraer la enfermedad que los que la comen dos veces a la semana. Los científicos concluyeron que algo en la carne, tal vez el colágeno, provoca una respuesta del sistema, y que podría también afectar directamente a las articulaciones. Asimismo otros estudios realizados con anterioridad han demostrado que la ausencia de fruta en la dieta, sobre todo de vitamina C, incrementa hasta tres veces el riego de sufrir artritis inflamatoria.

Siempre es tentador, un estofado, guisos o simplemente un rico asado de carnes rojas . . . pero . . . ¡cuidado con los excesos!!

El riesgo de cáncer, especialmente pulmonar y color rectal también aumenta considerablemente entre la gente que consume carnes rojas o procesadas. Podemos cambiar nuestros hábito, . . . ¡las carnes blancas son más saludables! . . . . podemos probar nuevas, saludables y apetitosas recetas, sin poner en riesgo nuestra salud.

Al incluir más frutas y verduras a nuestra dieta estaremos previniendo enfermedades degenerativas y manteniendo nuestro cuerpo fuerte y sano.

¿Sabía Usted ? . . . ***¿que el chocolate amargo puede ser su mejor aliado frente a cuadros depresivos y problemas cardiacos?***

¡Por décadas hemos escuchado que el chocolate es nuestro mayor enemigo a la hora de querer perder peso!!! . . . ¡pues NO! los últimos estudios descartan esta idea y tienden, día a día a confirman nuevas propiedades saludables en su consumo.

Diversas investigaciones han indicado que el chocolate contiene sustancias químicas que ayudan en la prevención de enfermedades del corazón y hasta de algunos tipos de cáncer, entre muchos otras propiedades.

Pero, es el chocolate amargo extraído directamente del cacao, y no el procesado con leche que normalmente vemos en los supermercados y chocolaterías.

"Hay muchas investigaciones que indican que los antioxidantes en el chocolate tienen determinados efectos de protección contra las enfermedades cardiovasculares", El Dr. Alan Crozier, de la Universidad de Glasgow, explicó a la BBC:

"Nosotros le dimos chocolate amargo, chocolate fabricado con leche y chocolate amargo tomado con leche a un grupo de voluntarios".

"Descubrimos que, una hora después, el nivel de antioxidantes en la sangre de quienes comieron chocolate amargo había aumentado en casi un 20%".

"Pero eso no ocurrió con el chocolate fabricado con leche, ni con el chocolate tomado con leche. Sino que exclusivamente se limito a los que consumieron el chocolate amargo", dijo.

Se sabe que el problema del chocolate fabricado o consumido con leche es que las proteínas de la leche se fijan a los antioxidantes del chocolate y no permiten que se puedan absorber como en el caso del chocolate amargo.

Este tan apetecido y maravilloso alimento nos sube los ánimos y nos ayuda a sentirnos mejor, especialmente en tiempos de síndrome premenstrual en las mujeres.

Pero, el chocolate, si bien es cierto, es un complemento útil en una dieta balanceada, nunca debe sustituir el consumo de frutas y vegetales.

Entre sus múltiples propiedades, podemos destacar que:

- Estimulan el sistema nervioso central y mejoran la concentración.
- Es afrodisíaco y muchos de nosotros lo saben o lo han experimentado. Se demostró en los laboratorios que el consumo de chocolate aumenta los niveles de serotonina en el sistema nervioso central, que es la sustancia que provoca la sensación de satisfacción y hasta quienes dicen que de "felicidad"
- Sus ventajas podrían llegar incluso, a alargar la vida de quienes lo consumen con moderación. No le tema más! . . . sólo adopte el más saludable y cómalo con moderación.

¿Sabía Usted ? . . . ¿que el uso descontrolado de la computadora puede dañar a nuestros hijos?

Mucha gente piensa que la computadora es el mejor recurso de aprendizaje para nuestros hijos y que ésta es una buena manera de relajarlos y mantenerlos ocupados. En realidad la exposición excesiva a estos medios de comunicación puede hacer mucho más daño que darnos beneficios, especialmente para la salud. Los estudios han demostrado que los niños que pasan mucho frente a una computadora, corren más riesgo de ser obesos, agresivos, ansiosos y de tener problemas oculares o de vista.

El uso excesivo del computador durante la infancia también podría causar falta de creatividad, de desarrollo de la imaginación, de auto disciplina y de motivación, lentitud en el lenguaje, la lectura y la escritura; dificultad de concentración y déficit de atención aparte de una riesgosa posible exposición a violencia, pornografía y otros materiales inadecuados disponibles en Internet.

Demasiado tiempo frente a una pantalla de computadora puede llevar a desarrollar también problemas visuales, fatiga, visión borrosa y dolores de cabeza.

Es importante enfatizar que el uso del computador no debería alejar a los niños de actividades importantes para su desarrollo, como juegos creativos, ejercicios al aire libre y la actividad física en general . . . Así mismo, la interacción con la comunidad, sus familiares y amistades.

No podemos desconocer que las computadoras son una valiosa herramienta educativa. pero cuando se utiliza incorrectamente, pueden causar más daños que beneficios . . . .

Como padres debemos establecer reglas, como:

Limitar la cantidad de tiempo frente a las pantallas de televisión y /o computadoras.

Mantenerlas siempre en un espacio visible dentro de la casa, y, por supuesto, no permitir más de una a dos horas al día en estas actividades.

No olvidemos que la computadora puede ser una herramienta muy útil para el niño si la manejamos adecuadamente y con una debida supervisión.

¿Sabía Usted? . . . ¿que el hígado es la glándula más voluminosa del cuerpo humano?

Es precisamente ahí donde se llevan a cabo funciones vitales para el cuerpo, siendo la más importante . . . . ¡La desintoxicación! . . . .

Es nuestro laboratorio central y realiza más de 500 funciones metabólicas y enzimáticas.

Este órgano está encargado también de la asimilación de proteínas, el metabolismo de los carbohidratos y las grasas, y el depósito de las vitaminas.

Una precaria alimentación, y una dieta alta en productos como carnes rojas, cerdo, salchichas, frituras, carne asada, alcohol, alimentos no frescos, recalentados, etc . . . Además de aportar pocos nutrientes y afectar la función digestiva, genera altos grados de toxicidad.

El bajo consumo de fibra, como frutas y verduras, pan integral, avena, soja, etc., complica el trabajo del hígado, lo debilita y hace que sea altamente vulnerable a serios complicaciones. Este al enfermarse afecta directamente a la sangre, por lo tanto dificulta en transporte de importantes nutrientes a nuestro organismo.

Los síntomas de dolor se manifiestan en todo el cuerpo: articulaciones, dolor de cabeza o abdomen, mal aliento, digestión lenta y dolorosa, aparte de cansancio excesivo, alza de peso, y muchas otras molestas manifestaciones.

Lo recomendable es justamente evitar los excesos, que obviamente nos llevaran a enfermedades complicadas y largos tratamientos.

No le demos extra trabajo a nuestro Higado . . . valoremos lo que tenemos y cuidemos mas nuestra vida.

¿Sabía Usted? . . . ¿qué puede hacer sus propios jabones caseros? . . . ¿ahorrar dinero y beneficiar enorme y maravillosamente su piel? . . . .

La avena, por ejemplo, evita la deshidratación de la piel y mantiene una barrera protectora frente a las agresiones externas. Las proteínas que contiene mantienen el balance del pH de la piel, produce una acción hidratante, emoliente y calma las irritaciones de la piel.

Está especialmente indicada para pieles secas debido a su gran efecto hidratante y contiene además, antioxidantes que ayudan a evitar el envejecimiento prematuro.

Un buen jabón de avena y miel nos permite disfrutar de las bondades de la naturaleza, creando una barrera física contra los agentes irritantes, protegiendo y suavizando activamente la piel.

Los mejores jabones son los artesanales, ya que no se elaboran con elementos químicos, generalmente están hechos a base de hierbas, aceites esenciales, flores y productos naturales en general. Todos y cada uno de estos naturales y maravillosos elementos aportan grandes beneficiosos, tales como ayudar a mantener los aceites naturales, hidratar en profundidad, y dar a la piel más suavidad y elasticidad.

La miel, sin embargo, además de sus propiedades humectantes, actúa como bálsamo limpiador por su contenido de ceras, azúcares y minerales. También ejerce una acción antioxidante que protege contra daños causados por los rayos solares y como regenerador de la piel reseca y marchita. Es ideal para pieles sensibles y sus partículas absorben la suciedad y los residuos celulares respetando y cuidando la estructura cutánea.

No debemos olvidar que una de las mayores propiedades que tiene este maravilloso elemento, es su acción antibacteriana y antiséptica pues también ayuda a la cicatrización y en los tratamientos del acné.

"RECETA CASERA"
Jabón de avena y miel

Ingredientes:

- *ƒ*. jabón neutro, (uno o dos barritas)
- *ƒ*. avena (fina de preferencia) 100 gramos
- — 1 cuchda. Leche
- — 1 cuchda. Miel de abeja
- — 2 cuchtas aceite de almendras (optativo)
- *ƒ*. agua, cantidad necesaria
- *ƒ*. aceite esencial para el aroma, (a elección)

Preparación:

Ralle el jabón y colócalo en un recipiente apropiado.

- *ƒ*. Cubra apenas con agua y lleve a baño María, hasta que se derrita.
- *ƒ*. Una vez disuelto, añada poco a poco la avena, (remojada en una cucharada de leche dos horas antes) agregue el aceite y la miel, revolviendo constantemente, para que se mezcle bien.

- *f*. Cuando ya espese. (La mezcla estará lista cuando adquiera una consistencia espesa y al moverla se pueda ver el fondo de la olla) . . . Retire del calor y espere hasta que entibie.
- *f*. Modele los jabones a gusto y deje enfriar completamente por toda la noche.
- *f*. Cuando los jabones se sequen y se enfríen, se envuelven individualmente con papel celofán, o bien, se guardan todos en un recipiente bien cerrado. No olvide colocar una etiqueta con el nombre del producto, fecha de elaboración y caducidad. Deben conservarse en un lugar limpio y seco.
- *f*. Este producto se puede usar tanto para el cuerpo como para la cara. y puede durar aprox 3 meses. ¡MANOS A LA OBRA!!! . . . .

¿Sabía Usted? . . . ¿que meditar es la mejor manera de lograr el equilibrio perfecto en nuestro cuerpo, mente y espíritu?

Meditar es la forma en que podemos entendernos a nosotros mismos, consiste principalmente en adentrarnos en nuestro interior para así poder entender el poder de nuestros pensamientos.

La meditación es uno de los caminos hacia la paz interior. Con la meditación se aprende a focalizar la mente, a encauzarla y controlarla, y con ello comprender que todas las cosas que deseamos experimentar en la vida están en nuestro interior. La felicidad, la salud, la paz, el amor, son nuestras cualidades originales. Pero pocas veces o nunca, nos tomamos el tiempo o simplemente desconocemos como hacerlo. No nos hemos detenido a mirar dentro de nosotros. ¡Nos pasamos la vida en la búsqueda incesante de la "felicidad"! . . . Lo hacemos en las personas, el dinero, las cosas materiales, pensamientos y propias experiencias . . . . nos centramos a buscar cualidades y estados siempre afuera . . . ¡y NUNCA en nuestro interior!

El meditar no tiene que ver con ninguna religión, ni creencia o doctrina alguna, es una práctica natural, que enriquece el espíritu y nos lleva al equilibrio físico y mental que todos los seres humanos necesitamos. Deberíamos adoptarlo como un hábito diario de a lo menos 10 min.

Para lograr este estado de conciencia relajada necesitamos prepararnos a nosotros mismos, y existen diversos pasos que nos pueden ayudar. Es importante reiterar que la meditación es un proceso, y como tal, lleva tiempo. Debemos ser pacientes y gentiles con nuestra mente; Mientras más atención preste a la preparación, logrará mejores y positivos resultados.

Recomendaciones:

-. Primeramente debemos escoger un lugar silencioso, ventilado y limpio, puede utilizar velas inciensos y/ o flores aromáticas y la luz debe ser tenue. La habitación donde dormimos es la ideal.

-. Después debemos acomodarnos en una posición confortable, en la cual podamos permanecer por un buen tiempo sin movernos . . .

-. El momento más efectivo para la meditar es al amanecer, entre las cuatro y las seis de la mañana. En estas quietas horas luego de dormir, la mente y la atmósfera están claras y libres de las actividades del día. Si esto no es posible busque un momento donde se pueda retirar del quehacer cotidiano y calmar la mente. En cualquier momento que elija asegúrese que no será molestado por distracciones externas.

-. Es importante que mantenga consistencia en sus prácticas en el mismo momento del día. La mente subconsciente necesita regularidad para desarrollar el hábito de sentarse y enfocarse fácilmente. Comience con 10 a 15 minutos de práctica. Trate de hacerlo a diario, mientras se establece el hábito, y pronto sentirá la necesidad de meditar cada mañana. Comprenderá, natural y gradualmente, que la meditación es una limpieza y actividad reconfortante y necesaria para su bienestar físico, espiritual y mental.

-. Siéntese en una postura estable, con la columna y la nuca erguida. La postura de piernas cruzadas provee una base firme para el cuerpo. Sentarse en un almohadón ayudará a los muslos a relajarse y a mantener las rodillas cerca del suelo. El metabolismo y la respiración se vuelven lentos en la medida que profundiza la concentración.

-. Conscientemente trate de relajarse y hacer la respiración rítmica. Comience con un minuto de respiración profunda abdominal para llevar oxígeno al cerebro, luego, aquiete la respiración a una frecuencia casi imperceptible, inhale y exhale rítmicamente.

Al comienzo, practicar la meditación puede resultar algo “difícil”, ya que debemos instruir la mente para mantenernos alejados de preocupaciones y pensamientos, y para mantenerla tranquila mientras dure la meditación.

La meditación nos permite ver las cosas como son, sin el velo de nuestros gustos y disgustos, sin miedos o angustias. Comience cada meditación afirmando el deseo de hacerle frente positivamente a la realidad.

La mente necesita ahora ser entrenada en el arte de la concentración y para ello necesita darle un objeto en donde enfocarse. Trata de llevar la mente a descansar, fijándose en algún punto interno de su organismo, o algo que tenga a la vista. Manténgase luego en este punto focal durante toda la sesión. La concentración es soportada por una postura firme, y una respiración aquietada.

El Yoga considera el uso de mantras (sonidos) como una herramienta esencial para la concentración. La práctica es simple: repita el mantra mentalmente y sincronizado con la respiración.

Por ejemplo: el mantra universal: OM. O una palabra o sonido corto de su preferencia.

-. Deje que la mente vague al principio, saltará por los alrededores pero eventualmente se asentará en la concentración., relájese profundamente en su respiración, sea paciente.

Si tan solo decidimos intentarlo. Estaremos dándole un valioso regalo a todo nuestro ser . . . cuerpo y espíritu . . . y por supuesto nuestro paso en la vida será absolutamente diferente . . . más purificado y más espiritual.

Datitos y Remedios Caseros

Amígdalas y garganta (inflamación e irritación)

* ¿Limón con miel? . . . . ¡de todas maneras! suaviza y desinflama notablemente.
* Evitar bebidas muy heladas y gritar son también buenas maneras de cuidarse.
* Gárgaras con agua tibia y bicarbonato pueden ayudar a aliviar las desagradables molestias.
* Otro remedio natural es el Té de Gengibre: Este posee propiedades antibacterianas que atacan a ciertas bacterias responsables de la inflamación.
* Se pueden hacer gárgaras con otras hierbas como Salvia y Malva ya que por sus ricas propiedades astringentes, protegen las mucosas del sistema respiratorio.

Todos estos remedios naturales pueden acompañarse con una cucharadita de un alimento totalmente natural que tiene la propiedad de desinfectar y suavizar la garganta reduciendo su inflamación y dolor . . . LA MIEL.

Anemia

* Tomar en ayunas jugo de betarraga (cruda) con limón es muy beneficioso . . .
* Una rica sopita de plátano verde o de ajos es magnífico para la anemia.
* ¿Tomar un vaso diario de jugo de espinaca en ayunas? . . . . buenísimo!
* ¿Los berros? ¡Excelente para combatir la anemia!, así como también todos los productos ricos en vitaminas C, D, complejo B, hierro y cobre.
* Consumir abundantemente vegetales verdes es fundamental, en especial las espinacas, brócoli, acelgas y coles. Sin olvidar, por supuesto, las infaltables legumbre (lentejas, habas, soja, remolachas, garbanzos y fréjoles) son la mejor opción.
* Otro secretito milagroso es tomar una taza de leche con ajo en ayunas y otra antes de acostarse. Durante 15 días o más.

Artritis

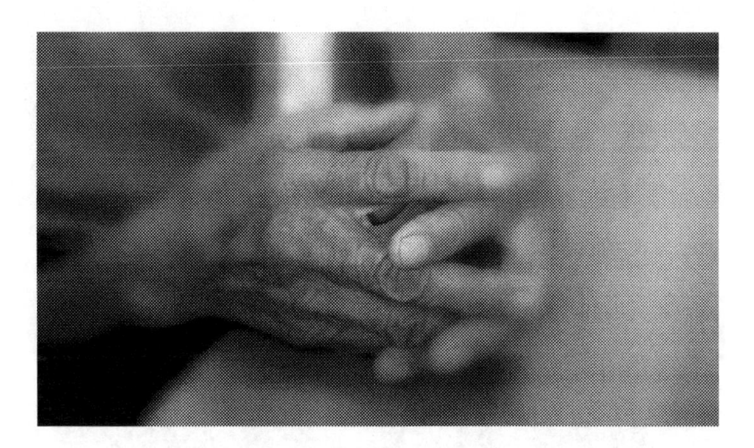

* Una vasito de jugo de papa rayada y una igual medida de jugo de limón después las comidas . . . . ¡muy bueno! . . .
* ¡Frotarse cebolla de cabeza roja en la parte dolorida o inflamada es excelente por sus poderes antiinflamatorios! . . .
* Si la articulación está caliente, aplicarse barro húmedo en las noches.
* ¡Evitar carnes rojas!!
* El Perejil puede ser también muy efectivo. Se recomienda verter un puñado en un litro de agua hirviendo, enfriar y deja reposar durante 20 a 30 minutos. Luego tomar antes de las comidas. (No más de media taza)
* Machacar ajo, mezclarlo con el jugo de un limón y tomar esta preparación en ayuna al día siguiente podría ser de gran ayuda . . . (Puede continuar esporádicamente hasta lograr una mejoría)
* Cortar un diente de ajo a la mitad y frotarlo por las zonas donde se siente más dolor alivia notablemente el dolor y la hinchazón.

Bilis

(El exceso se manifiesta por el color amarillo en los ojos y piel)

* Tomar agua hervida de raíz de bledo (Hierba silvestre muy común que crece en terrenos yermos y cultivados, caminos y calles de las poblaciones rurales) y hojas y tallos de tomate.
* Las comidas de alto grado en grasas relajan la esfinge del esófago y retardan la salida del alimento del estómago, por lo que reducir el contenido de grasa en su consumo diario, es fundamental.
* Consumir porciones más pequeñas, y con más frecuencia, puede ayudar de gran manera a reducir la presión sobre la esfinge del esófago y de ayudar a evitar que la válvula se abra en el momento inadecuado.

Cabeza, (dolor)

* El Jugo de limón o limones cortados y aplicados en la nuca constituyen un remedio antiguo y eficaz para aliviar fácilmente el dolor.
* Preparar aceite de romero utilizando un puñado de hojas de romero fresco y machacarlas junto a una cucharada de aceite de oliva, colocar la mezcla en un frasco y completarlo con el mismo aceite, cerrar y dejar en un sitio templado durante dos semanas, colar, y utilizar cada vez que sea necesario.
* Té de manzanilla y diente de león. Añadir un limón exprimido pequeño en una taza de este té y tomarlo para aliviar los problemas de riñón y digestivos que derivan de un dolor de cabeza asociado con los excesos en la comida.
* Tomar dos cucharaditas de vinagre de sidra de manzana en un vaso de agua con cada comida reduce la frecuencia de las migrañas.
* Realizar baños de pies o manos donde se haya añadido jugo de limón o mostaza . . . muy relajante!
* Beber a sorbos una taza de Té de manzanilla previene notablemente las migrañas.
* Otra receta consiste en inhalar gotas de aceite esencial de lavanda en un pañuelo o motita de algodón. Esto no sólo calma el dolor de cabeza, sino que relaja significativamente . . . ¡PRUÉBELO Y VERÁ!
* Es muy útil poner en un paño frío y húmedo unas gotas de esencia de menta y aplicar sobre la frente por unos minutos.

* Tomar un baño de agua tibia con esencias de manzanilla lavanda y romero (3 gotas de cada esencia). Los vasos sanguíneos se relajan y la tensión se alivia.
* Un cataplasma de barro helado en la frente y en el vientre . . . . ¡de seguro ayuda!
* Ginkgo Biloba y/o Melisa tomada en infusión. Simplemente se debe hervir una cucharada de la planta seca por taza de agua y beber dos veces al día,
* La falta de sueño y los problemas de visión son una causa muy frecuente de dolor de cabeza, la mala iluminación en el lugar de estudio o trabajo, largas horas frente a un monitor o la lectura sin interrupciones pueden ocasionar también dolor en los ojos y por lógica en la cabeza.
* El kava kava no sólo alivia el dolor de cabeza, también posee propiedades curativas asombrosas! se ha aprobado su uso para el tratamiento del insomnio, depresión y la muy común ansiedad, sin embargo esta es una planta que debe usarse con cuidado y en las dosis que los profesionales especifican.

Cabeza, (dolor por golpe)

* Lo más conveniente siempre es frotar una mitad de cebolla en la región del golpe hasta bajar la hinchazón.
* Tomar 3 cucharadas de aceite de oliva para evitar la congestión del cerebro, puede ser de gran ayuda. Los niños pequeños deben sólo tomar una cucharada.
* Si el golpe fuera severo al punto de provocar un corte, o herida sangrante, deberá aplicarse de inmediato agua oxigenada o algún antiséptico, comprimir el área con una gasa seca evitando así el sangrado y por supuesto, trasladarlo de inmediato al Centro de Salud más cercano.

Calambres

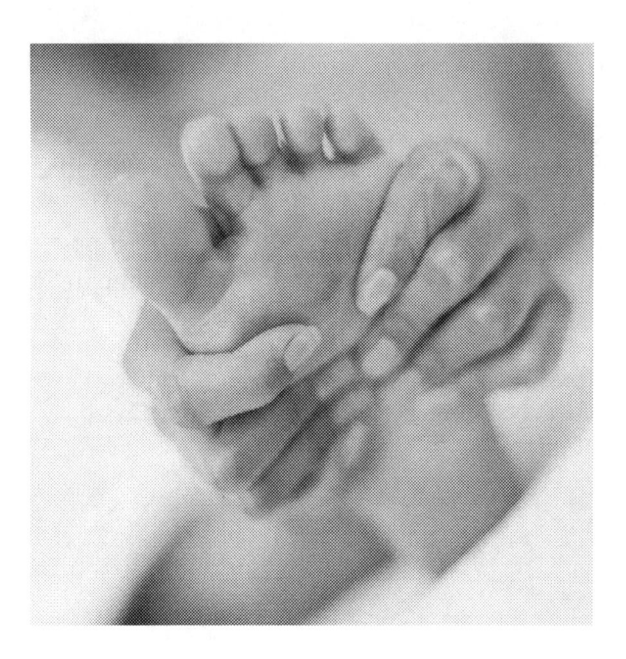

Hay innumerables "secretitos" para los molestos calambres. Aquí les recuerdo los más populares y efectivos;

* Un buen masaje en dirección contraria al curso del dolor suele traer buenos resultados. Con esto se logra estirar gradualmente el músculo y lograr con ello volver a relajarlo.
* Los aceites esenciales como el romero, eucalipto, pino o tomillo aplicado en el área afectada con pequeños masajes circulatorios, suelen producir agradables sensaciones de calor que ayudan muchísimo a relajar las áreas acalambradas.
* Beber la mezcla de una cucharada de miel con otra de vinagre y de manzana en una taza de agua caliente. Ayuda a evitar los calambres crónicos.

Como recomendación adicional, al momento de sentir que un calambre se aproxima, debemos siempre aflojar la ropa apretada, en cintura, tobillos, etc. para con ello dar un poco de espacio a los músculos y evitar problemas de circulación.

* Algo viejo y muy efectivo también es incluir en nuestra dieta diaria a lo menos una banana (plátano) debido al alto contenido de potasio que posee.

* Cuando las molestias son constantes, sobre todo de noche, el agua tónica suele ser muy efectiva. Esta comprobado que contiene un alcaloide natural llamado quinina, extraída de un árbol que lleva su nombre. y que ha mostrado con certeza ser una muy buena colaboradora al momento de querer evitar los molestos calambres.

Cálculos (hígado, vejiga y riñones)

* Una buena manera de expulsarlos es por medio de una limpieza con un trozo de piña natural verde, licuada en media taza de aceite de oliva, esta se recomienda en ayunas, por 3 días como máximo. Ideal es repetir cada 6 meses.
* La ingesta del jugo de un limón por la misma medida de aceite de oliva antes de acostarse suele dar excelentes resultados. Debiendo repetir por 3 noches aumentando gradualmente de un limón a 3 limones al tercer día. Se asombrará de los resultados (para evaluar su efectividad, se sugiera colar la orina y observar las piedrecillas que se suelen expulsar.
* El pomelo, un cítrico muy rico en vitamina C, mezclado con jugo o puré de manzana más un vaso de agua mineral, aparte de sabroso y refrescante, suele dar también muy buenos resultados.
* Es necesario, que frente a esta problemática tan desagradable, debemos procurar que se evite comer queso, huevos y leche entera ya que estos alimentos, por su alto contenido de calcio, aumentan la formación de cálculos en quienes los sufren.
* Otro magnifico tratamiento natural es la utilización de semillas, flores y raíces de achicoria hervidas y tomadas como Té. Se ha demostrado que el jugo que esta planta poée promueve la secreción de bilis, Pueden ser usadas 3 veces por día brindando excelentes beneficiosos a quienes padecen de estos desordenes.
* La aplicación de guateros calientes o bolsitas de arena calientes en la zona afectada alivian considerablemente el dolor.

* Beber a diario una infusión de barba de choclo hervida en abundante agua es otro de los secretitos milagrosos de las abuelitas.
* El popular perejil también cumple una función importante a la hora de pensar en curar nuestras dolencias. Se recomienda una cucharada de jugo de esta hierba en ayunas debiendo repetir varias veces más durante el día. Para cambiar un poco el saber fuerte, se puede mezclar también con jugo de zanahoria.

Callos

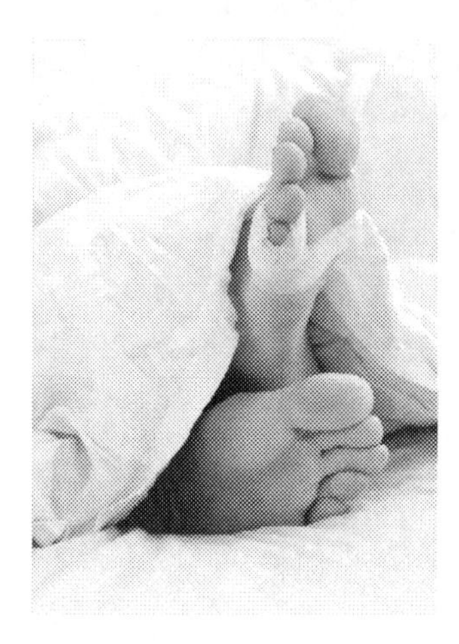

* La mezcla de chancaca rayada (o azúcar Morena) con un diente de ajo machacado aplicado y vendada por una semana, da excelentes resultados. Al finalizar el tratamiento sumergir el pie en agua tibia y quitar los callos ablandados con una esponja suave.
* El limón también es beneficioso en este tratamiento. Una rodaja de limón colocada directamente en el área durante la noche cubierta con una pequeña venda . . . . excelente!
* El polvo de tiza ha sido reconocido también como muy beneficiosa para el tratamiento de los callos. Preparar una pasta suave con un trozo de tiza molida y agua y aplicar luego en el área afectada cubriendo con una venda al igual que en los anteriores tratamientos.
* La mezcla de dos tabletas de aspirina con un poco de jugo de limón y agua, es una buena fórmula también. Se debe preparar una pasta suave, untar y cubrir las zonas afectadas con pequeñas bolsas plásticas y calcetines y posteriormente, al otro día, havar los pies y con cuidado retirar la piel muerta con esponja o cepillo suave.
* ¿El contenido de una cápsula de vitamina E para tus pies? . . . Excelente para una buena hidratación después de cualquiera de estos tratamientos.
* Para talones agrietados debe procurar antes de irse a dormir: remojarlos, (hirviendo en un litro de agua, un puñado de manzanilla. y sumergir los pies por algunos minutos) cepillarlos y luego humectarlos con aceite de vitamina E, finalizando con una pequeña capa de vaselina en las grietas y cubriendo los pies con calcetines de algodón. Esto no sólo suaviza las zonas callosas, sino también aliviara el dolor considerablemente.

Cataratas

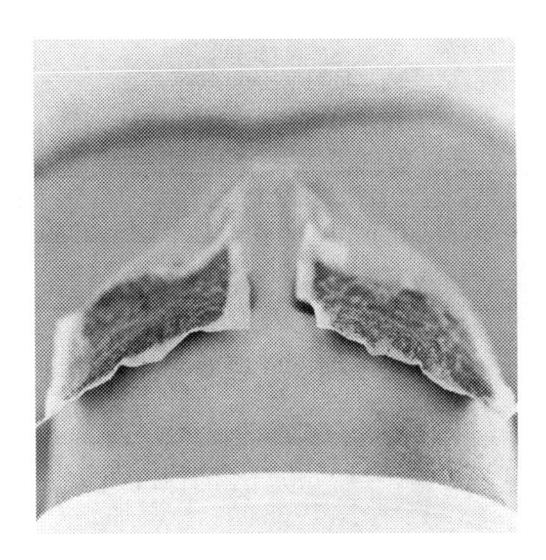

* El uso de miel pura sin procesar es un viejo y efectivo remedio para la catarata, unas gotas de esta miel deben ser aplicadas en el ojo a diario. (Remedio egipcio milenario)
* Otro buen dato es prepara Té de manzanilla con agua hervida. Dejar reposar tapado hasta que se enfie. Esta infusión (sin azúcar por supuesto) servirá para lavar los ojos cada vez que se requiera.
* Una rodaja de papa cruda cubierta con una gasa y aplicada sobre el párpado durante una hora o más todos los días es una buenísima idea también.
* ¿Para beber? . . . nada mejor que mezclar 2 cucharaditas de miel y 2 de vinagre de sidra de manzana en un vaso de agua y tomar en cada comida.
* Aplicar una gota de colirio de llantén, preparado en casa, 3 veces al día. Para preparar dicho colirio hay que utilizar un frasco transparente con tapa, colgar en su interior unas 20 hojas de llantén fresco, previamente lavadas, secadas. Y amarradas para que no toquen la base del frasco. Luego colocar al sol, para que, con el calor y el encierro destilen su esencia. El líquido que resulte se envasa en un frasco gotero.

Colesterol

* Hervir en un litro de agua una cucharada de cuesco de palta rayada, agregar toronjil, muérdago y berenjena y endulzar esta mezcla con miel a gusto. Tomar medio vasito 3 o 4 veces por día . . .
* Aplicar barro húmedo (arcilla) en el vientre a modo de compresas.
* ¿Un diente de ajo en ayunas? . . . ¡claro que sí! . . . es sabido que ésta es una de las más antiguas curas para esta enfermedad y muchos otras.
* Mezclar una cucharada de salvado de maíz en media taza de agua tibia y consumir preferentemente en la mañana.
* Hervir una mandarina con todo y cáscara en una taza de agua por 10 minutos. Tomar esta infusión principalmente durante la mañana.
* ¿Aceite de Oliva? Ayuda también a controlar el colesterol. En cualquiera de sus manifestaciones y usos.
* Lecitina de Soja - Reduce los niveles de colesterol. Es un tonificante cerebral y a su vez ayuda mucho en problemas hepáticos y problemas de vesícula biliar.

Cólicos

* ¡El anís y el hinojo, una de las más antiguas hierbas naturales registradas en los datitos de las abuelitas! . . . Estas han sido utilizadas por muchos años para eliminar cólicos en los niños pequeños. Por la retención de gases, sobre todo en recién nacidos. Para preparar una infusión de hinojo o anís, hay que poner media cucharadita de semillas machacadas en una taza de agua hirviendo, dejarla reposar y luego beber tibia.
* Otro remedio consiste en tomar gotas de ajenjo y de valeriana, que de la misma manera son muy efectivas.
* Los baños de asiento bien calientes? brinda mucho beneficio.
* Hacer una infusión con una cucharadita de hojas secas de Ajenjo en una taza de agua hervida. Se debe beber cada 8 horas después de los alimentos.
* Otra infusión de hojitas secas de albahaca, en agua hervida es de gran beneficio, este se debe tomar por lo menos 3 veces por día.
* Efectivo también es el compuesto de hierbabuena, flores de manzanilla y hojas de toronjil en una taza de agua hirviendo. Se deja reposar y luego se toma caliente.

Diarrea

* Hervir tres zanahorias durante media hora y beber el líquido a lo largo del día. Esta verdura acelera la recuperación debido a que posee los minerales que se pierden en las frecuentes deposiciones.
* Mezclar ceniza con agua; se deja reposar un rato, se revuelve de nuevo y se da a tomar.
* Una yema de huevo, batido con 2 ó 3 cucharadas de aceite de oliva. Es también otro muy buen "datito".
* Un vaso de jugo de tomate fresco, mezclado con una pizca de sal y pimienta ingerida en la mañana, también es beneficioso.
* Otros remedio casero incluye bananas y ajo. Las bananas contienen Pectin y ayudan al crecimiento de bacterias beneficiosas y el ajo es efectivo ya que es un eliminador natural de gérmenes, ayuda a la digestión y remueve las lombrices intestinales.
* En una taza de agua tibia, añadir una cucharada de vinagre de sidra de manzana y una cucharadita de sal, luego beber a sorbitos cada 30 minutos o hasta que sea necesario.
* Las manzanas cocidas y/o horneadas son muy efectivas. Comerlas por lo menos tres veces al día, rayada, horneada o en puré, con unas cuantas gotitas de miel . . . . ¡muy bueno!
* Pruebe también, hacer una infusión o Té con algunas hojas de llantén en un litro de agua hirviendo. Tapar y dejar reposar por lo menos 10 min. Se recomienda tomar 3 o 4 tasitas por día.

Dedo (golpe)

* Uno de los secretos más antiguos y efectivos es el de hacerle un agujero a un huevo crudo e introducir el dedo golpeado por algunos minutos.
* Rallar cebolla de cabeza y aplicar cubriendo con una gasa por algunas horas.
* Aplicar inmediatamente un bistec (bife) sobre el punto de impacto para calmar el dolor y evitar la formación de hematoma.
* Elaborar una pasta con perejil molido y un poco de mantequilla y luego frotar con ésta la zona contusionada sin ejercer mucha presión.
* Hacer una cataplasma de cebolla, calentando un trozo de ésta en una sartén, y poniéndola sobre una gasa la cual deberá ser aplicada sobre el área que recibió el golpe durante 4 a 5 horas.

Diabetes

* Hervir corteza de marañón, corteza de tamarindo, eucalipto, hojas de nogal, balsamina y una cucharada de semillas de aguacate (palta). Tomar una taza cada 3 horas.
* Cataplasma de barro en el vientre, evitar los dulces y alimentos azucarados y los malos ratos o enojo.
* Linaza en polvo, por su alto contenido de fibra y como remedio natural, ayuda a metabolizar mejor el azúcar en la sangre. Agregue dos cucharadas a un vaso de agua, jugo o mezcle con algún cereal de preferencia.
* La alcachofa en todas sus formas ayuda considerablemente en la diabetes. Se recomienda en caldos o sopas.

Dientes y/o muelas (dolor)

* Mezclar pimienta y sal común con un poquito de agua, resulta ser un dentífrico excelente. Su uso diario previene las caries, mal aliento, sangrando de encías y dolor de muelas.
* Masticar la mitad de una cebolla cruda a diario, por a lo menos 3 minutos, resulta ser suficiente para matar todos los gérmenes en la boca.
* El dolor de muelas es aliviado a menudo poniendo un pedazo pequeño de cebolla en el diente afectado o directamente en las encías.
* Frotar las encías con miel de abejas, 3 ó 5 veces en el día.

Fiebre

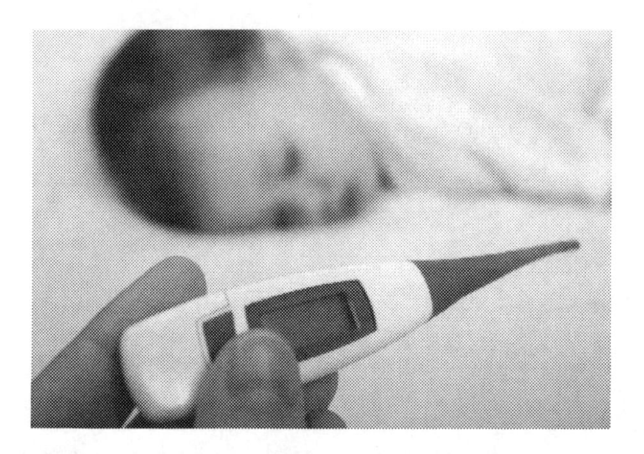

* Colocar cataplasma de papa cruda rayada en el estómago o en la cabeza y cambiar cada vez que se seque hasta que desaparezca la fiebre.
* Cataplasma de cebolla de cabeza machacada en las plantas de los pies.
* Tomar bastante líquido, preferiblemente limonada y comidas livianas.
* Licuar cebolla de cabeza con azúcar y leche, hervir un poco y tomar tibio cada 2 ó 3 horas.
* Colocar una toalla grande, blanca y mojada en la pared cerca del enfermo.
* Preparar un jugo curativo para bajar la fiebre con medio melón picado y licuado sin agregar agua. Debe ser tomado de inmediato.
* Cortar 1 cebolla grande en rebanadas y luego colocarlas en un recipiente que contenga vinagre por 15 minutos, Aplicar las rebanadas con vendas en las plantas de los pies.
* Un viejo secreto consiste en cortar una papa en rodajas y mojarlas en vino. Aplicar sobre las sienes envueltas en un paño.

Gases

* Tomar un Té tibio de anís estrellado después de las comidas.
* Consumir piña o papaya fresca. Ambas contienen enzimas que contribuyen a completar la digestión y a evitar los gases.
* Para aliviar el dolor causado por gases, es muy eficaz cubrir el abdomen con una bolsa de agua caliente.
* Tomar Té de hierbas como carda momo, canela, manzanilla o clavos de olor. Estos estimulan la digestión y mejora la movilidad intestinal.
* En agua hervida, prepare un Té con una cucharadita de orégano y hierba Luisa. Tapar y dejar reposar por unos 10 minutos. Tomar después de las comidas preferentemente sin azúcar o con unas gotitas de miel.
* Tomar media taza de jugo de sábila o aloe vera si además de gases, se tiene dolor abdominal.

Gástrica, (inflamación)

* Tomar un litro diario de agua hervida de manzanilla.
* Raye una papa en un vaso de agua, cuele y tome el jugo en ayunas. (Prepare la noche anterior)
* Durante 24 horas tome sólo agua de coco, esto ayudará al estomago a recuperarse.
* Tome un poco de jugo de limón en un vaso de agua tibia, dejará de producir los jugos gástricos que provocan el dolor. El ácido del limón se vuelve alcalino en el estomago y las propiedades cicatrizantes del limón también ayudan a sanar alguna ulcera.
* Té de linaza: prepare una cucharada de semilla en un vaso de agua y deje reposar por 12 horas. Cuele y beba.
* Gelatina sin sabor. Tómese una taza en ayunas, al medio día y en la noche.
* Licue unas hojas de repollo en media taza de agua y tómelo en ayunas.
* Zanahoria, papa y apio (una zanahoria mediana, media papa mediana y dos ramitas de apio.) Todo crudo. Se toma de inmediato en ayunas. Puede hacerlo por varias semanas.

Insomnio

* Tomar un Té de agua hervida con toronjil, albahaca y hojas de naranja.
* Licuar cebolla de cabeza y lechuga en leche con azúcar. Hervir 3 minutos y tomar al acostarse.
* Conservar los pies calientes mediante una toalla o el uso de un par de calcetines e inclusive se recomienda también antes de dormir frotar los pies con aceite de almendra (sobre todo entre los dedos).
* Hervir en una taza de agua algunas hojas de naranjo, un poquito de miel, se deja reposar y se bebe bien tibio. Igualmente, puede preparar un Té con las flores del naranjo.
* Prepare una infusión con una ramita de hierbabuena en una taza hirviendo, se tapa y deja reposar por 10 min. Tomar media hora antes de acostarse.
* Hervir, durante 5 minutos, algunas cucharaditas de raíces de valeriana en una taza de agua, más una cucharadita de miel. Tomar antes de acostarse.
* Agregar 10 a 15 gotas de lavanda en un baño de tina calientito. Se puede usar una cucharada de sal gruesa marina y disolver en el agua de la bañera para lograr vencer al insomnio. (Unas velitas aromáticas y suave música, completan un maravilloso tratamiento de relajación).
* Con menta fresca, preparar un Té en una taza de agua caliente. Tapar y dejar reposar por 10 min. Y beber justo antes de acostarse o después de la cena.
* ¡El Romero también trabaja muy bien! Hervir un manojo y otro de toronjil en un litro de agua durante 10 minutos. Verter esta preparación, de inmediato, en el agua caliente de su baño de tina. Mantenerse en la bañera durante 15 minutos o más.
* Con unas cáscaras de limón prepare un Té, dejar tapado y reposando por más o menos 10 minutos. Endulzar con miel y tomar antes de dormir.

Infección Urinaria

Las infecciones urinarias son tremendamente molestas y consisten en ardor al orinar y hacerlo con frecuencia, color turbio de la orina y sensación de una vejiga llena. ¿Primero que todo? . . . . Beber mucho líquido para eliminar las bacterias. Se aconseja especialmente cuando se sufre de infecciones urinarias, tomar más de dos litros de agua por día.

* Consumir alimentos que contenga vitamina C (como las frutas cítricas),
* No orinar con apuro . . . ¡ni aguantarla por mucho tiempo! es necesario ir al baño y tomarse el tiempo suficiente para eliminar toda la orina, hasta la última gota, sin interrumpir la micción, así evitará la acumulación de bacterias.
* Mantener una buena higiene especialmente en el caso de las mujeres: después de ir al baño, deben limpiar el área de adelante hacia atrás para impedir que las bacterias que ocasionan las infecciones urinarias se aproximen a la vagina y a la abertura de la uretra.
* Evitar el uso de jabones bactericidas fuertes, ya que pueden irritar la uretra y producir síntomas parecidos a los de una infección urinaria.
* Evitar las bebidas alcohólicas. El alcohol es un irritante de las vías urinarias en hombres y mujeres, y debe evitarse durante una infección en la vejiga.

MUY IMPORTANTE: No olvide que las bacterias hacen cuna y se multiplican con mucha facilidad en un cuerpo ácido, por lo que se recomienda siempre medir su PH con un profesional de la salud o adquiriendo sencillos test en tiendas de productos naturales.

RECETAS SALUDABLES:

Caldo de Cebolla y Ajo: En un litro de agua: colocar dos cebollas medianas trozadas, cuatro dientes de ajo partidos y una pizca de romero y tomillo. Luego hervir por 15 minutos, colar la preparación y beber al menos dos veces por día. La cebolla y el ajo tienen propiedades antisépticas y antibacterianas y pueden combatir todo tipo de infecciones urinarias.

Vinagre de Manzana y Miel: Beber un vaso de agua con dos cucharaditas de vinagre de manzana y dos de miel en cada comida.

Jugo de Arándano (cranberry): Receta casera usada por años con excelentes resultados y está comprobado que tomar jugo de arándano impide a las bacterias pegarse a las paredes del tracto urinario lo que hace más fácil eliminarlas en la orina.

Perejil: El Perejil en ensaladas o preparado en una infusión (dos cucharas por taza) es un magnifico desinfectante de las vías urinarias.

Barbas de Maíz: Hervir tres cucharas de barbas de maíz en una taza de agua por 10 minutos y beberla todos los días.

Dientes de Ajo: Comer tres dientes de ajo al día solos o con las comidas.

Linaza: Cocinar 25 gramos de linaza en un litro de agua y tomarlo durante todo el día.

Labios Partidos (agrietados)

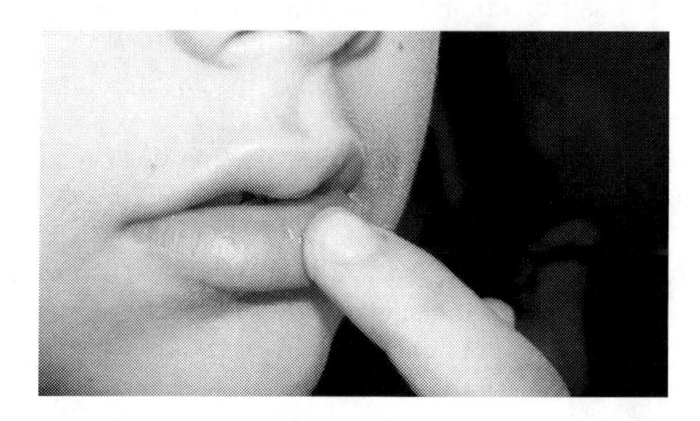

* Friccionar los labios suavemente con un algodón empapado en aceite de oliva.
* Elaborar un humectante casero con cera virgen de abeja y aceite de almendras. Para ello, debe colocar la cera a baño María hasta que se derrita y luego se mezcla con el aceite. Vierta en un cilindro de lápiz labial o algún otro molde similar y espere a que se enfríe y solidifique. Aplicar en la zona afectada las veces que sea necesario.
* Cortar un trocito de aloe vera y aplicar en los labios cuando se necesite.
* Como medida preventiva, se recomienda en tiempo de frio o extremo calor aplicar en los labios un poco de aceite de girasol de jojoba o aceite de oliva virgen por las noches antes de ir a dormir.
* Unas gotas de miel aplicada directamente en los labios suele ser también de gran ayuda, dejar que actúen durante 20 minutos o media hora y luego enjuagar con agua tibia.
* Por ultimo como medida preventiva se recomienda usar a diario una cápsula de Vitamina E y aplicarla sobre los labios antes de dormir.

Menstruales, (dolores)

* ¡Infusiones calientes (Té) siempre dan muy buenos resultados! . . . . de hierbabuena, de tomillo de salvia, de canela, de manzanilla o anís estrellado.

  -ejemplo de un Té de canela: Dos ramitas de canela en dos tazas de agua y llevarla a ebullición. Retirarlo del fuego cuando hierva y dejarlo reposar 5 minutos (tapado) endulzar a gusto. Se debe beber caliente.

  -Otro Té: Una cucharadita de artemisa, 1 de caléndula y 1 de cola de caballo en 1 taza de agua hirviente. Tapar y dejar reposar por unos minutos. Beber aún caliente, una taza cada 5 horas.
* Llenar un saquito de tela de algodón con sal marina y calentar en un horno, luego aplicar en el área de los ovarios cubrir con varias toallas y dejar puesto hasta que se enfríe.
* Poner una manta eléctrica o una bolsa de agua caliente o toallas calientes sobre el vientre específicamente sobre el área de los ovarios.
* Acupresión es otra técnica muy efectiva: Dos dedos por debajo del ombligo, presionar y masajear durante unos minutos aliviará el dolor menstrual. Según los acupuntores, si se realiza días antes de la fecha del período, las molestias ni siquiera llegarán a aparecer.

Recomendaciones:

Modere la cantidad de sal, cafeína, carnes rojas, azúcar y alcohol e ingiera más frutas, verduras, hortalizas, cereales, nueces, alimentos a base de pollo, pavo o pescado y mucha agua.

Oídos, (dolor)

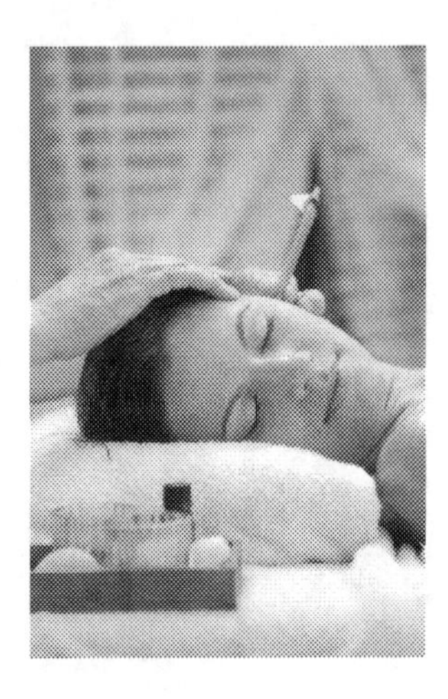

* Calentar dos cucharaditas de aceite de oliva o de almendra y dejarlo refrescar, luego aplicar 2 ó 3 gotas templadas en el conducto del oído y proteger con un pequeño algodón.
* Empapar un poquito de jugo de limón tibio en una bolita de algodón, colocar en la entrada del oído, sin introducir, por unos 10 minutos. Debe ser aplicado antes de dormir. Este remedio es ideal cuando el dolor de oído es producido por exceso de cera en el conducto del oído.
* Remojar manzanilla (10 flores+-) en un frasco de vidrio con 4 cucharadas de aceite de oliva durante 48 horas. Luego aplicar esta preparación con un algodoncito.
* Calentar dos cucharaditas de aceite de almendra u oliva, luego que se refresque a temperatura corporal, aplicar 2 ó 3 gotas templadas en el conducto del oído. Proteger con un pequeño algodón.
* Aplicar tres gotas de leche materna en el oído.
* Hervir unas hojitas de orégano en media taza de agua durante 3 minutos. Retirar del fuego y dejar refrescar, luego exprimir las hojas para sacar al máximo extracto y poner en un gotero. Aplicar 3 gotas en el oído dolorido siempre y cuando el tímpano no esté perforado.
* El agua oxigenada corriente sirve siempre como desinfectante . . . aplicando y dejando reposar por algunos minutos hasta que deje de burbujear . . . . desinfecta y alivia la molestia.

Si el dolor persiste, consulte de inmediato a un profesional de la salud.

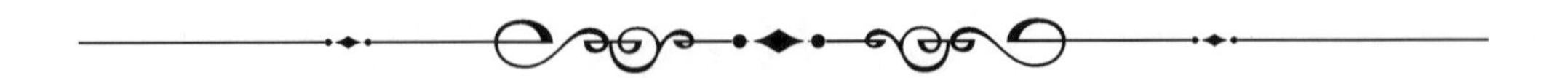

Ojos, (cansados/inflamados)

* Aplicar dos rodajas de papa en cada ojo y recostarse por aproximadamente 15 minutos.
* Prepare Té de manzanilla natural, y vacíe en moldes para hielo, consérvelos listos para usarlos cada vez que amanezcas con los ojos hinchados, sólo envuélvalos en la tela y aplique sobre cada párpado por lo menos 10 minutos para reducir la inflamación. No enjuague, nada más seque ligeramente con una toallita.
* Ponga una bolsita de Té en agua caliente, añada hielo hasta que se enfríe y después aplíquelo sobre los ojos.
* Como solución más rápida y sencilla utilice y empape unos algodones con agua fría, aplicando sobre los ojos.
* Dos rodajas de pepino suelen ser de gran ayuda también frente al cansancio de los ojos . . . . cubra cada ojo y descanse hasta que sienta que se secan.

Recomendaciones:

- ¡Dormir lo suficiente! . . .
- Leer y escribir con mucha luz, procedente de la parte de atrás o sobre nosotros, nunca de frente.
- Desmaquillar bien el contorno de los ojos cada noche con suavidad y productos adecuados.

Parásitos

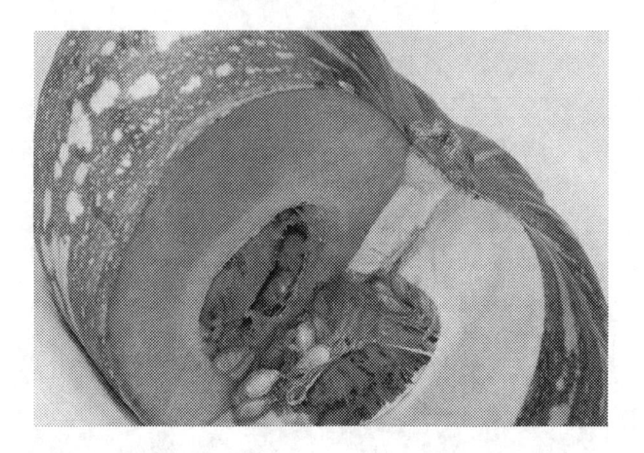

* En un litro de agua hirviendo, ponga 20 grs más o menos de albahaca. Preparar un Té, reposar, colar y tomar 1 taza antes de cada comida y otra antes de ir a dormir, hasta que se hayan expulsado los parásitos.
* En medio litro de agua, poner algunas semillas de apio. Hervir hasta que se reduzca a la mitad, reposar, colar y beber el liquido en ayunas.
* Tomar un vasito de jugo de berro en ayunas hasta que sea necesario.
* Mezclar 2 cucharadas soperas de jugo de cebollas (para niños 2 cucharaditas) en una taza de leche. Se puede endulzar a gusto. Tomar a diario en ayunas.
* Machacar una buena cantidad de semillas de limón con miel a gusto. Mezclar hasta que formar una pasta. Ir comiendo durante el día, hasta completar 2 cucharadas soperas de la semilla. Continuar hasta expulsar los parásitos. (También se pueden triturar las semillas; mezclar una cucharada sopera de las mismas con miel de abejas y comerlas en ayunas y antes de acostarse.)
* Cortar ajo (tres dientes) en trozos muy pequeños, ponerlos en un vaso y verter sobre ellos agua muy caliente. Dejar que repose toda la noche y tomar el agua, en ayunas, a la mañana siguiente.
* Tomar en ayunas un 1/4 de vaso de leche donde se haya agregado 4 pepas de zapallo molido.

Picaduras de insectos

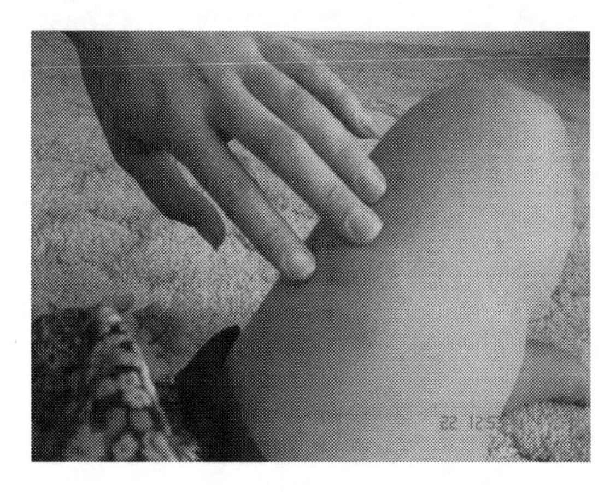

El uso del barro como remedio para las picaduras de insectos es muy antiguo. La arcilla y un poco de agua se usaba en forma de crema sobre la picadura produciendo efectos asombrosos.

Abejas o avispas:

* Extraer el aguijón del insecto con una pinza o con las uñas sin apretar la zona, lo que evita que el líquido tóxico de la picadura se extienda más. Luego se debe empapar una motita de algodón en vinagre o usar simplemente una rodaja de limón, para luego cubrir con una venda.
* Aplicar, luego de extraído el aguijón, una bolsa de hielo o cualquier compresa helada para evitar que el tóxico se expanda.
* Frotar la mitad de medio ajo sobre al picadura para combatir la picazón.
* Aunque usted no lo crea . . . . el efecto de la urea de la orina calma estomáticamente el dolor de una picadura y reduce considerablemente la hinchazón.

Zancudo o mosquito:

* El amoniaco es muy eficaz sobre todo si se aplica inmediatamente después de haber sido picado.
* Mojar la picadura y frotarla con sal.
* Frotar la picadura con vinagre de manzana . . . muy bueno.
* Pasta dentífrica de menta, refresca y alivia el dolor.

* Un Té de manzanilla muy concentrada. Dejar enfriar y aplicar con un algodón. Cuanto más frió, mejor.
* Aplicar el gel del Aloe vera recién cortada, directamente sobre las picaduras para aliviar el ardor.
* Frotar la zona picada con la pulpa de un limón.
* ¡Y finalmente, lo más barato y fácil de conseguir! . . . . Saliva.

Presión Alta

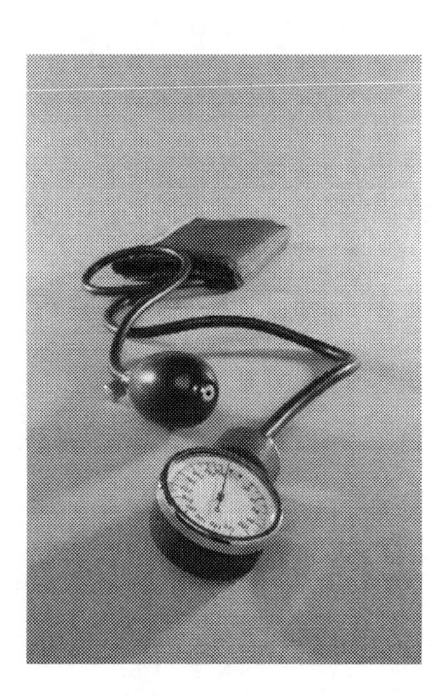

* Tomar tres veces al día un vaso de cocimiento de ajo.
* Hacer un batido de pepino y tomarlo diariamente.
* Colocar 10 gotas de aceite de lavanda en un pañuelo e inhalar sus vapores para controlar los casos de hipertensión que atacan de forma sorpresiva.
* Verter una taza de agua hirviendo sobre 2 puñaditos de flores de espino albar o peumo y dejar reposar durante 25 minutos. Tomar una taza tres veces al día.
* Cocer un puñado de hojas de olivo en un litro de agua, colar y guardar en un recipiente. Beber uno o dos vasos al día.
* Mezclar una cebolla pequeña y trozada, 7 dientes de ajo pelados y el zumo de un limón. Agregar agua hasta cubrir los ingredientes y dejar toda la noche. Colar y beber en ayunas durante 9 días.
* Masajear lentamente y en forma circular el pecho con 7 a 10 gotas de aceite esencial de lavanda y mejorana con 20 ml de aceite de jojoba.
* Combinar Angélica con tila, cola de caballo, abedul e hinojo a partes iguales y colocar 1 cucharada de esta mezcla en una taza. Hervir durante 3 minutos, dejar en reposo y colar. Tomar una o dos tazas al día.
* Lavar, sacar las semillas y las cáscaras de 15 uvas grandes. Extraer su jugo y mezclarlo con medio vaso de agua. Tomar como desayuno durante 10 días.

* Lavar y cortar una berenjena. Colocar con todo y cáscara en una licuadora junto con un vaso de agua, licuar por unos instantes, colar y tomar durante 10 días en ayunas. Este remedio no es recomendable para las personas que sufren de tensión baja.
* Verter en una licuadora, previamente lavada y picada, 50 gr de espinacas, el jugo de un limón, 1 cucharadita de miel y un vaso de agua. Batir por unos instantes y tomar un vaso cada tres días.

Quemaduras

La primera acción que se debe realizar, frente a una quemadura pequeña es lavar ésta con mucha agua fría. Es importante sólo usar agua fría y no hielo, ya que éste restringe el flujo de la sangre.

Si se trata de una quemadura mayor debe recibir de inmediato asistencia médica.

En el caso de las quemaduras pequeñas:

* Cortar un pedazo de una hoja fresca de Sábila o Aloe Vera. Se debe aplicar directamente sobre la zona afectada. La sábila y el Aloe Vera tienen una acción analgésica que mejorará la lesión y además, facilitará su cicatrización.
* Aplicar una capa generosa de miel sobre la quemadura. La miel ejerce efecto analgésico y antibacterial.
* Aplicar yogurt natural sobre las quemaduras pequeñas, ya que este favorece su cicatrización y su curación.
* Abrir una cápsula de vitamina E y extender su contenido sobre la piel irritada lo cual ayudará a evitar la formación de cicatrices.
* Aplicar directamente la clara de un huevo sobre la quemadura y dejar actuar durante media hora. Esta impedirá que la piel se deshidrate.

Recomendaciones:

Vigilar todas las quemaduras, por muy pequeñas que sean, ya que, al estar la piel lesionada se encuentra expuesta a las bacterias que pueden causar una infección.

Tomar mucha agua y vitaminas. La hidratación es importante para ayudar a mejorar una quemadura, igualmente, es aconsejable tomar zumos de frutas y verduras.

Riñones (cálculos o piedras)

Los riñones son órganos de suma importancia, por lo que resulta necesario cuidarlos muy bien y no hacerlos trabajar más de lo que de verdad necesitan. Cuando además de esto tenemos tendencia a formar piedras debemos rápidamente prevenir con curas naturales.

* El consumo regular de apio puede ser de gran ayuda al momento de querer prevenir la aparición de piedras en los riñones o en la vesícula biliar.
* Consumir manzanas frescas también es de valiosa ayuda. En países donde la sidra sin azúcar es bebida común, los casos de piedras o cálculos están prácticamente ausentes. La fruta fresca madura es, sin duda alguna, más valiosa.
* Las uvas tienen también un valor diurético excepcional debido a su alto contenido de agua y de potasio.
* Las semillas de granadas amargas y dulces son muy útil en los casos de piedras del riñón. Una cuchara de semillas, molidas o licuadas ? . . . . ¡muy bueno!
* También la infusión o Té de dos cucharadas de barbas de maíz en una 1 taza de agua estimula la función renal y reduce la formación de cálculos.
* La ortiga verde ? . . . excelentes remedios naturales para los riñones. Su efecto diurético, evita la formación de cálculos renales. Una cucharada por cada taza. Hervir por 15 minutos, reposar tapado, colar antes de consumir, y beber, al menos, una taza al día en ayunas.
* También la infusión de diente de león es excelente, esta hierba está considerada como uno de los mejores remedios caseros para los riñones: dos cucharadas por cada taza de agua, hervir por 15 minutos, reposando tapado y luego colar.

* Las investigaciones ha demostrado el éxito terapéutico notable de la vitamina B6 o pyridoxine en el tratamiento de las piedras del riñón. Una dosis diaria de 100 a 150 mg de la vitamina B6, combinada preferiblemente con otras vitaminas del complejo B, ayuda muchísimo. Se debe continuar por varios meses para conseguir una curación permanente.
* Otra receta con perejil es mezclar 1/4 de cucharadita de perejil seco en una taza de agua hirviendo. Agregar 1 cuchda, de jugo de limón y una de aceite de oliva. Beber todos los días durante por lo menos una semana.
* Finalmente, un remedio muy antiguo para mantener los riñones limpios es el vinagre de manzana; Mezcle una taza de agua con una cucharadita de vinagre de manzana por cada 50 libras de su peso, repita tres veces al día antes de cada comida durante dos días, descanse cuatro días y repita.

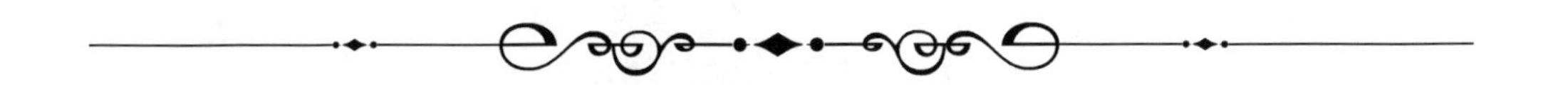

Tós

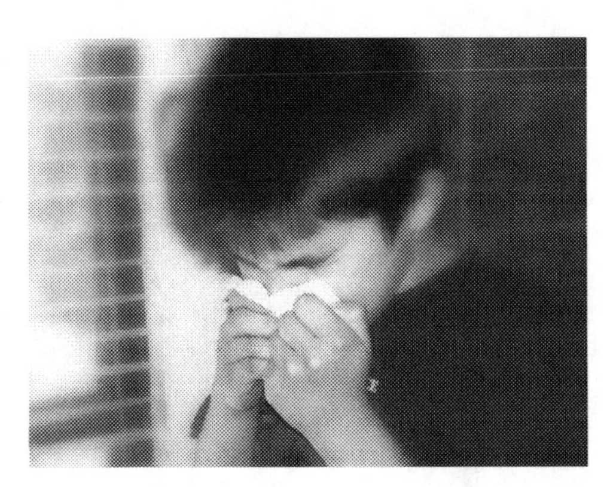

* ¿Si es una tos blanda? . . . Nuestras abuelas nos enseñaron un sabio secreto: Cortar un trozo de cebolla y ponerla cerca de la almohada o en la mesita de noche.
* Cortar en trozos una cebolla y hervir en un litro de agua, colar y mojar un paño en el agua resultante. Este paño húmedo se pone en el pecho hasta que se enfríe.
* La miel es perfecta para suavizar la garganta y calmar la tos. Un vaso de agua caliente con miel y un poco de limón alivia y suaviza mucho las molestias de la tos.
* El eucalipto es también un excelente suavizante para la garganta y calma de buena manera la irritación de los bronquios que produce la tos. Hervir unas cuantas hojas en agua e inhalar repetidamente los vapores en la habitación donde se encuentre.
* Unas cuantas cerezas silvestres a modo de infusión en una taza de agua hirviendo, dejar reposar por 10 minutos y colar. Luego, agregar miel a gusto y unas gotitas de limón. Se recomienda tomar una vez al día ya que los frutos de la cereza silvestre pueden ser tóxicos cuando se ingieren en grandes cantidades.
* La utilización del orégano tiene como finalidad liberar las flemas de los pulmones, para poder utilizarlo es necesario colocar dos cucharaditas de orégano seco por cada taza hirviendo y dejarla reposar por 10 minutos.

Si las molestias persisten, se presentan otras complicaciones como fiebre, falta de aire, tos violenta y repentina. Es imperativo acudir inmediatamente a un profesional de la salud ya que puede ser necesario la vigilancia estrecha del paciente y la utilización de medicamentos especialmente dirigidos a la enfermedad.

Várices

* Mezclar una taza de jugo de zanahoria, con igual cantidad de hojas de espinaca fresca en una taza de agua y preparar un jugo. Beberlo a diario en las mañanas.
* También el aloe vera es uno de los geniales remedios naturales contra las varices; cortar al medio un tallo de aloe (o sábila,) y masajear muy suavemente y en forma circular las partes afectadas.
* Alternar compresas o baños de piernas helados o muy calientes preferiblemente con dos cucharadas de sales de Epsom por cada litro de agua durante dos minutos cada uno por un total de 10 minutos.
* Uno de los mejores remedios caseros contra las varices es el vinagre de manzana; humedecer un trapo o gasa con el vinagre y frotarlo por las zonas afectadas por varios minutos.
* Tomar baños en las piernas, de agua tibia con sal y una buena cantidad de vinagre de manzana. Suele dar excelentes resultados.

Consejos, Trucos y Recomendaciones para ayudar a curar y prevenir las varices:

Hacer ejercicio que incrementen la circulación en las piernas como los siguientes:

* Estando de pie, ponerse de puntillas varias veces durante unos segundos.
* Estando tumbado boca arriba con las piernas elevadas, realizar movimientos de pedaleo.

* Tumbado o sentado con las piernas extendidas y elevadas por encima de la cadera, flexionar y extender los dedos de los pies.
* Elevar los pies y apoyar sus piernas en una silla o taburete cuando usted esté leyendo o mirando la televisión.
* Evitar el estar sentado o de pie demasiado tiempo. Sin embargo, si usted tiene que estar de pie demasiado rato, cambie su peso de una pierna a lo otra, levántese de puntillas o gire sus pies en sentido de las agujas del reloj o sus tacones de un lado a otro.

Haga estos ejercicios veinte veces, relájese durante varios minutos y luego repita.

* No cruzar sus piernas.
* Dormir con los pies más elevado que el nivel del corazón.
* Llevar medias de soporte que comprimen las venas.
* Comer una dieta balanceada (especialmente rico en vitamina C) y mantener su peso.
* Evitar papas, comidas feculentas, condimentos, alcohol, café, té fuerte y productos de harina y azúcar.
* Si sus pies se hinchan habitualmente, podría ser útil llevar zapatillas de tenis u otros zapatos de tacón bajo para aliviar la presión. No use zapatos de tacón alto, ya que dificulta la circulación.
* No usar pantalones o ropa ajustada.

Vómitos

* Cuando sienta que está por vomitar chupe un cubito de hielo.
* Un secretito curioso: Cortar una cebolla en dos mitades y frotar cada mitad en las axilas cuando aparezcan las ganas de vomitar
* Colocar sobre el estómago compresas mojadas, alternando las de agua caliente con agua fría, hasta que desaparezca la sensación.
* Tomar una taza de té de jengibre.
* Tomar un vasito de jugo de limón.
* Tomar media cucharadita de jugo de jengibre y una cucharadita de miel.
* Tomar un vaso de agua con miel.
* Hervir en un litro de agua, la cascara de un limón, retirar del fuego y luego añadir 4 cucharadas de menta fresca. Tomar medio vasito cuando sienta las nauseas y ganas de vomitar.

En Aroma terapia:

* Dar a oler a la persona que ha vomitado aceites esenciales de albahaca, menta o romero.
* Ponga dos gotas de cualquiera de estos aceites esenciales en un pañuelo, llévеselo a la nariz y respire con normalidad.
* En un quemador de aceites esenciales, ponga un poco de agua y tres gotitas de aceite esencial de melisa. Sitúelo en la habitación, junto a la persona que sufre vómitos.
* Unas horas antes del viaje, dese un masaje sobre el pecho y la parte superior de la espalda con 2 gotas de aceite esencial de menta piperita en una cucharada sopera de aceite de almendras.

Una vez que el vómito cese, no ingerir ningún alimento sólido. Limitarse a ingerir solamente líquidos tales como jugo de manzana. Si el vómito continúa es recomendable ver a un médico lo más pronto posible.

¿Sabía Usted? . . . ¿que las personas que consumen diariamente bebidas gaseosas tienen un 61% más de riesgo de sufrir episodios vasculares que aquellos que no las consumen? . . . . ha afirmado la doctora Hannah Gardene, epidemióloga de la Escuela de medicina Miller, Universidad de Miami (Florida).

Según un nuevo estudio publicado recientemente por la revista Pediatrics, los adolescentes que son más activos en los deportes y en otras actividades físicas, son más propensos a calmar su sed con bebidas deportivas, mientras que los adolescentes que pasan mucho tiempo viendo televisión o jugando videojuegos toman más gaseosas.

Es de suma importancia que tomemos conciencia de este problema que aqueja tan brutalmente a nuestros niños y jóvenes. Es alarmante como hoy en día, todos estamos expuestos a las tan burbujeantes y tentadoras "sodas" o refrescos.

Se ha comprobado que estas no poseen valor nutritivo, excepto el azúcar que puedan contener, generalmente carbónicas (con burbujas) y cuyos ingredientes son de origen artificial, más todos los otros aditivos con los que son elaboradas, como saborizantes, colorantes, estabilizantes y conservantes.

Las bebidas gaseosas presentan también contenidos de cafeína considerable, lo que produce una serie de trastornos corporales, y la formación de una adicción progresiva en las personas consumidoras de productos que tienen a la cafeína como participe.

Esta a su vez, es muy potente y suele crear una rápida adicción, incluso más que otras drogas.

Entre sus muchos efectos podemos destacar que:

Actúa como estimulante del sistema nervioso central, aumenta el estado de vigilia y tiene un efecto ergo génico (aumenta la capacidad de realizar esfuerzos físicos), produce aumento del ritmo cardiaco o estimulación cardiaca, estimula la musculatura esquelética y el centro de la respiración, además, aumenta la secreción ácida gástrica, puede provocar nauseas y vómitos, intranquilidad, ansiedad, depresión, temblores, dificultad para dormir y confusión mental.

Por otra parte, el consumo de la cafeína en un niño, cosa muy frecuente hoy en día, puede afectar negativamente su nutrición. ¡CUIDADO!! . . .

Las bebidas gaseosas con cafeína pueden estar remplazando alimentos altamente nutritivos e imprescindibles, tales como los jugos de fruta y la leche. Además, un niño puede comer menos debido a que la cafeína actúa como supresor del apetito, de forma que puede producir retardos en su crecimiento.

Por esta y muchas otras razones, la cafeína debe necesariamente eliminarse por completo en la dieta de un niño. No existen requerimientos nutricionales para que ellos no suceda. En el mismo sentido, esta restricción es imprescindible en un niño hiperactivo, debido a que, como se dijo anteriormente, es un fuerte estimulante del sistema nervioso central.

Es necesario destacar que el exagerado índice de sobre peso y obesidad en niños y adultos se debe en gran parte, justamente al descontrol y abuso del consumo de sodas y su alto contenido de azúcar.

Esta comprobado que una lata de soda de 12 onzas contiene el equivalente a 10-12 cucharaditas de azúcar. !!

¡Debemos conocer lo que comemos y leer las etiquetas en todo lo que compramos!!

Este libro persigue esa finalidad . . . . educar y dar a conocer estos pequeños consejos que pueden cambiar la vida de la gente y porque no decirlo, ... del mundo!

Pongamos atención desde hoy . . . .

Si nos fijamos en la etiqueta del paquete, latas de bebidas o botellas, veremos que hay, por ejemplo: 65 gramos de azúcar en la botella.

Como la mayoría de la gente no mide con gramos, vamos a cambiar la medida de gramos a cucharaditas. ¿Cuántas cucharaditas de azúcar hay en esta botella?

4 gramos de azúcar equivalen a una cucharadita.

Si divide 65 gramos en 4, el resultado es de casi 17 cucharaditas.!!! . . . ¿puede creerlo? . . . .

¿Sería capaz de consumir esa cantidad de azúcar en un café? . . . . ¿Cuántas sodas se toma al día? ¿Cómo podemos vivir un estilo de vida saludable, entonces . . . ?

Beba agua en vez de bebidas endulzadas. El agua es lo mejor y no contiene absolutamente nada de azúcar. Para ponerle un poco de sabor con nada de calorías, póngale al agua una rebanada de naranja, limón, lima o pepino.

Otras opciones de bebidas saludables son la leche baja en grasa, té de hierbas endulzada con miel o azúcar morena, jugos 100% fruta. y . . . . definitivamente: . . . .

NO A LAS SODAS!!! . . . .

Recuerde: un cambio pequeño puede hacer una gran diferencia!

¿Sabía Usted? . . . ¿que el tomate es maravilloso? . . . ¿Y además de su agradable sabor contiene vitamina C, y abundante vitamina A? . . .

Este rojo y apetitoso alimento es realmente muy necesario durante el crecimiento, por lo cual los niños son sus beneficiarios directos. Dar a los chiquitos tomate, tanto en ensaladas crudas como en jugos, garantiza que crezcan fuertes y sanos.

¡El tomate es increíble! . . . Sabemos que todas las verduras y frutas al cocinarse pierden gran parte de sus nutrientes . . . sin embargo, el tomate, aun cocido a altas temperaturas . . .

NUNCA pierde sus propiedades y eso lo hace muy especial.

El tomate además contiene “licopeno”. Numerosos estudios científicos afirman que consumir habitualmente en la dieta alimentos ricos en este elemento, contribuye a reducir el riesgo de ciertos tipos de cáncer, en especial el de próstata, de páncreas, pulmón y colon. Vale mencionar que el licopeno del tomate cocido es mejor asimilado por nuestro cuerpo que en su forma cruda, sin embargo al estar cocido se pierde buena parte del contenido de vitamina C.

LAS ENFERMEDADES QUE CURA? . . . . Reumatismo, problemas hepáticos, problemas glandulares, favorece el tránsito intestinal por su alto contenido de fibra, trastornos urinarios, vesiculares y problemas de riñones, actúa contra el ácido úrico, es desintoxicante, ayuda muchísimo en los problemas circulatorios, reduce el colesterol. etc.

El tomate, además, es un excelente depurativo de la sangre, la fortifica y renueva de manera natural por lo que es un alimento perfecto para personas con problemas de hipertensión.

¡Recuerden siempre tenerlo en vuestros hogares, es barato, sabroso y maravillosamente beneficioso! . . .

¡Es increíble que un alimento tan común, posea tantos beneficios! . . .

Es importante puntualizar que no sólo el consumo del tomate natural es el que tiene estas bondades, sino también sus derivados como la salsa de tomate, el tomate frito, enlatado, el kétchup y los zumos o jugos.

¡Un tomate por día en nuestra dieta es suficiente!!

Por su alto contenido en agua resulta diurético y también refrescante o atemperante, es decir que ayuda a bajar la temperatura corporal en los casos de fiebre y de exposiciones solares intensas. En estos casos, además de comerlo conviene colocar rodajas frías sobre las zonas afectadas de la piel.

Es remineralizante, vitaminizante, energizante y equilibrante celular. Por estas cualidades muchos expertos sostienen que el tomate podría prevenir la formación de ciertos tumores.

f. El jugo de tomates posee también un efecto relajante y anti arrugas, aplicado externamente sobre los rostros fatigados.

Por otra parte, conviene saber que un tomate contiene vitaminas A, B1, B2, B3,

B6, C, K y E y numerosas sales minerales, como potasio, cloro, fósforo, calcio, azufre, magnesio, sodio, hierro, cobre, zinc, yodo, cobalto, manganeso, cromo, níquel y flúor.

Por todo esto es lógico pensar que se trata de un alimento sumamente nutritivo.

. . . ¿Sabía Usted? . . . .

Puede hacerlo parte de su cocina desde ahora. ¡Invítelo a entrar a su hogar y lo comprobara por usted mismo! . . . .

¿Sabía Usted? . . . ¿que el Agua es un recurso vital para los seres vivos? . . .

Tomar agua es fundamental y absolutamente necesario para que todas las funciones del organismo marchen adecuadamente.

Además, este líquido vital hace que el hígado, riñones, sistema digestivo e inmunológico cumplan con sus funciones específicas y vitales.

Entre otras cosas, el agua lubrica las articulaciones, mejora la resistencia de los ligamentos, controla la temperatura corporal, mantiene los niveles adecuados de acidez en el cuerpo, retarda los procesos de envejecimiento y previene una infinidad de enfermedades.

Si tiene la mala costumbre de no tomar agua o tomar muy poca, tiene que saber que se está perdiendo de múltiples beneficios que conlleva tomar agua, ya que es un nutriente esencial para el adecuado funcionamiento de diversos procesos fisiológicos, como digestión, absorción, distribución de nutrientes, transporte y desecho de elementos tóxicos.

Por si fuera poco, este elemento básico es excelente colaborador cuando de perder peso se trata, ya que suprime el apetito, controla el hambre y ayuda a su organismo a metabolizar la grasa acumulada.

Ante toda esta temática, es necesario tomar conciencia e incrementar su consumo diario. Lo primero que se debe hacer es determinar la cantidad necesaria. Lo recomendado son dos litros al día, pero esto puede variar dependiendo de cada persona. Para calcular cuánto del líquido vital debe beber, es indispensable que divida su peso en kilos por 30. por ejemplo: una persona que pesa 90 kilos debería beber 3 litros de agua por día.

Recomendaciones básicas:

* A donde vayas lleva siempre una botella o recipiente con agua.
* Intente tomar un vaso de agua cada hora.
* Cambie las sodas y los refrescos tradicionales por agua pura, y si el sabor no le agrada, puede agregar un poco de jugo de frutas o el jugo de un limón.
* Siempre beba un vaso de agua al levantarte. ¡Su cuerpo se lo agradecerá!
* Toma la mayor cantidad de agua, antes o después de las comidas, ¡NUNCA con las comidas! . . . , especialmente si suele usar hielo. Finalmente: No espere a tener sed para beber agua.

"La gente que es propensa a retener agua, piensa que reduciendo su consumo le ayudará a remediar el problema; ¡FALSO!! El cuerpo percibe la falta de agua como una amenaza a su sobrevivencia y empieza a retener cada gota. Esta es almacenada en espacios extra-celulares (fuera de las células), causando hinchazón de pies, manos y piernas. La mejor manera de evitar la retención de agua, es darle al cuerpo lo que necesita - ¡MUCHA AGUA!"

"The Snowbird Diet" por Donald S. Robertson, M.D., M.Sc.

¿Sabía Usted? . . . ¿lo peligroso que puede llegar a ser calentar agua en el microondas?. . .

¡Este artículo es diferente! . . . se basa en una experiencia real que quisiera compartir con ustedes en éste libro, más mis propias deducciones y estudios.

Contado por un hombre cuyo hijo sufrió un accidente al hervir agua en un microondas.

"Hace 5 días mi hijo de 26 años decidió tomarse una taza de café instantáneo. Puso a calentar en el horno de microondas (algo que ya había hecho antes en varias ocasiones) una taza con agua sola. No sé exactamente por cuánto tiempo lo programo pero me dijo que quería que el agua herviera. Cuando el tiempo se acabo el horno se apago y saco la taza del horno. Mientras miraba la taza se dio cuenta que el agua no estaba hirviendo; sin embargo, el agua broto directamente a su cara. El la soltó de sus manos después que el agua había brotado hacia su cara debido a la energía acumulada. Toda su cara tiene heridas de 1° y 2° grado y es muy probable que la cara le quede marcada. Además de haber perdido la vista parcialmente del ojo izquierdo. Mientras estábamos en el hospital el doctor que lo atendía comento que este tipo de accidentes eran muy frecuentes y que nunca debería de ponerse solamente agua a calentar en las microondas."

Si se calienta agua de esta forma siempre se debe poner algo en el agua, un palito de madera o una bolsita de té, pero si se va a calentar solamente el agua es mejor usar la cocina de gas.

Esto es lo que un maestro de física dijo al respecto: "Gracias por enviarme el mensaje advirtiéndome acerca del agua en las microondas. He sabido de varios casos. Esto es causado por un fenómeno conocido como supe calentamiento. Puede suceder en cualquier momento que el agua se está calentada . . . especialmente si el utensilio que se está usando es nuevo."

Lo que sucede es que el agua se calienta mucho más rápido de lo que las burbujas empiecen a formarse. Si la tasa es nueva no tiene ningún raspón o ranura por donde las burbujas puedan ir y puedan empezar burbujear en el agua que ya esta hirviendo, de tal manera que el agua se va calentando sobre pasando el tiempo de hervir.

Lo que sucede entonces es que el agua se atora, queda estancada y al contacto con el aire el agua brota con fuerza por la energía contenida.

¡¡¡NO HERVIR AGUA EN MICROONDAS!!"

Lo descrito en el mensaje puede ocurrir. Los líquidos que se calientan en un microondas, pueden estar muy calientes, aún cuando el recipiente o taza que los contiene siga frío . . . . ¡cuidado con engañarse! . . . .

Los consejos que se dan al respecto, es que cuando se caliente cualquier líquido en un horno de microondas, se haga funcionar el mismo por corto tiempo y en varios ciclos para alcanzar la temperatura deseada. Varios períodos cortos son preferibles a uno largo, aunque siempre se recomienda usar la tradicional y tan funcional "tetera", pava, caldera o cafetera. ¡No lo olvide!! . . .

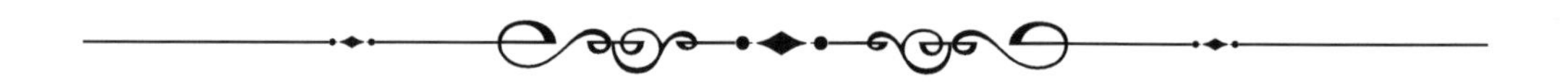

¿Sabía Usted? . . . ¿que el Aloe Vera es una planta increíblemente poderosa?

Esta contiene gran variedad de propiedades que, al ser utilizadas correctamente, benefician maravillosamente a nuestro organismo. Es increíble como rápidamente logra cicatrizar heridas, y no solo eso, está comprobado que tienden a disminuir considerablemente de tamaño (las cicatrices) y el color de las mismas suele ser más clara y natural.

El Aloe Vera, al penetrar directamente en los tejidos heridos, alivia el dolor, actúa como anti-inflamatorio y dilata los vasos capilares, incrementando así el suministro de sangre a la región afectada.

Siempre se recomienda utilizar esta planta en forma totalmente natural, evitando por supuesto hervir, secar y/o congelar, ya que perdería notablemente sus maravillosas propiedades curativas.

También sabemos que se puede beber, beneficiando con esto al sistema digestivo e intestinal, esta ayuda a regularizar las funciones de los intestinos y contribuye a la saludable eliminación de desechos y al mejor aprovechamiento de los nutrientes ingeridos.

Dentro de sus notables beneficios, cabe destacar que el Aloe Vera cuenta con propiedades calmantes y descongestionantes, siendo así, un excelente preventivo en caso de infecciones virales respiratorias, como lo son la gripe, resfríos y laringitis, por inducir sabiamente la formación de anticuerpos y además, se puede aplicar sobre quemaduras, ampollas o picaduras de insectos.

Numerosos estudios han demostrado que esta maravillosa planta ayuda a prevenir la artritis y a reducir notoriamente la inflamación de las articulaciones.

El Aloe Vera también a sido utilizada por cientos de años en el cuidado de la piel y por ende, hoy en día es muy popular en el uso cosmético.

Esta comprobado que este maravilloso elemento tiende a aumentar la producción de células fibroblásticas que se encuentran en la dermis y que son las responsables de la formación de colágeno, además aporta proteínas que mantienen la piel flexible y tersa y, debido a su poderosa acción desinfectante, evita la proliferación bacteriana que estimula la formación del acné.

La formación de colágeno también atenúa las arrugas existentes y reduce la aparición de otras nuevas.

Ayuda considerablemente a fortalecer, nutrir y dar brillo natural al cabello, entre muchos otros beneficios.

Las razones por la cual el Aloe Vera es tan útil se deben a que contiene una gran variedad de proteínas, más de 20 aminoácidos, varios carbohidratos complejos, vitaminas
B1, B2, B3, B6, B12, ácido pantoténico y fólico, biotina, colina, inositol y una gran variedad de minerales como: calcio, magnesio, hierro, zinc, manganeso y potasio.

Tener una plantita de Aloe Vera en casa es una excelente idea, sobre todo porque no requiere de grandes cuidados, se adapta fácilmente a casi cualquier clima, crece rápido y puede ser un maravilloso aliado del que podremos conseguir enormes e increíbles multi- beneficios.

¿Sabía Usted? . . . ¿que las frutas deben comerse con el estómago vacío? . . . .

Tenemos el mal hábito de comer siempre las frutas y postres livianos después de las comidas fuertes. Esto se ha aplicado siempre en nuestra sociedad como algo totalmente normal . . . pero . . . ¡cuidado!!!! . . .

La razón principal de comerlas primero que todo es justamente porque son de rápida digestión. Son digeridas en el intestino delgado, no en el estomago. Ellas pasan por el estomago rápidamente y llegan al intestino donde liberan sus nutrientes y azúcares. Debemos saber que si hemos comido antes carnes, papas, comidas pesadas y/o almidones . . . estas no permiten el paso de las frutas hasta el intestino delgado . . . . las atrapan y ellas deben esperar mucho más tiempo a veces hasta horas, para liberarse y ser digeridas, creando con esto: fermentación de las mismas, pesadez en el estomago, desagradables agruras, mal aliento y lo peor, obviamente, la pérdida total de vitaminas y nutrientes que tanto abundan en las frutas.

Debemos cambiar nuestros hábitos . . . . Las frutas no nos servirán de nada si las administramos de manera equivocada! . . .

Al levantarse en las mañanas, coma frutas frescas . . . enteras y/o hechas jugo . . . . y luego deje descansar su cuerpo unos minutos. Démosle tiempo de nutrir nuestro cuerpo y liberar todas sus maravillosas vitaminas y demás nutrientes . . . .

Cuanto más tiempo dejemos las frutas en nuestro cuerpo, mayor oportunidad de ayudar a limpiarlo.

El Dr. William Castillo, jefe de la famosa clínica cardiológica Framington de Massachussets, declaró, que las frutas son el mejor alimento para protegernos contra las enfermedades del corazón.

Las frutas contienen bioflavonoides, que evitan que la sangre se espese y obstruya las arterias. Tienen también la facilidad de fortalecer los vasos capilares y hace trabajar a nuestro cerebro mucho mejor.

Si comienza hoy a cambiar los viejos y malos hábitos alimenticios al iniciar el día, sentirá un increíble cambio en su cuerpo, más vitalidad y mucho más energía,

Lo maravilloso de adoptar este nuevo hábito es que, no solo nutrirá correctamente su organismo, sino que estará perdiendo peso sanamente y haciendo que el cuerpo en su totalidad se beneficie notablemente.

Atrévase al cambio . . . ¡se asombrará!

¿Sabía Usted? . . . ***¿que la semilla de linaza contiene más de 27 componentes anti cancerígenos? . . .***

Los investigadores del INSTITUTO CIENTÍFICO PARA EL ESTUDIO DE LA LINAZA DE CANADA y de la UNIVERSIDAD DE DAKOTA DEL NORTE EN ESTADOS UNIDOS, han enfocado su atención en determinar científicamente el papel que juega la semilla en la prevención y curación de numerosas enfermedades degenerativas.!!

Esta contiene además, 5 veces más cantidad de fibra dietética que la avena tradicional!! Por lo que es también un excelente laxante natural, lubrica y regenera la flora intestinal, elimina toxinas y contaminantes y trabaja maravillosamente en el sistema nervioso central, relajando y disminuyendo la tensión en personas expuestas a mucha presión laboral.

La semilla de linaza contiene a su vez aceites esenciales de Omega 3, 6 y 9.y un gran contenido de nutrientes que ofrece resistencia a muchas enfermedades . . . . Aparte, la ingesta de este vital elemento disminuye en gran manera las condiciones inflamatorias de todo tipo y la retención de líquido en los tejidos, extremidades y riñones.

¡Es increíble como una pequeña semilla puede poseer tantas propiedades!! . . .

Son numerosos sus beneficios! . . . . y debemos sin duda alguna incorporarlas a nuestro diario vivír y hacerla huésped permanente en nuestra cocina.

Entre sus numerosas propiedades, hay que destacar que también es maravillosa cuando es utilizada en el área de la cosmética, sobre todo cuando hablamos de cabello dañado y escaso, y frente a pieles secas y escamadas, acné, manchas y espinillas.

Sin dejar pasar, por supuesto, su efectivo poder frente a la escasa vitalidad física! . . . .

La linaza aumenta el coeficiente metabólico, y la eficacia en la producción de energía celular. Los músculos se recuperan con facilidad de la fatiga del ejercicio.

Como parte de una dieta balanceada, la linaza puede ser una excelente adición para cuidar su corazón. Su consumo se ha asociado a un menor riesgo de sufrir enfermedad del corazón, ya que favorece la reducción del colesterol LDL (colesterol malo) y disminuye la formación de coágulos previniendo infarto y derrame cerebral.

La linaza se utiliza para:

1. Calmar los intestinos, el estomago, la vejiga y calmar inflamaciones en la piel.
2. Controlar o bajar los niveles de colesterol y triglicéridos.
3. Suaviza y humecta la piel, por esta razón se le usa en cremas y aceites de masajes.
4. Se dice que ayuda a mejorar el asma (aún en estudio).
5. Ayuda a balancear los niveles de azúcar en la sangre. (aún en estudio).
6. Ayuda en el tratamiento de la depresión porque estimula la actividad cerebral.
7. Los ácidos omega 3 ayudan a la belleza de la piel por su efecto antiinflamatorio.
8. Podría ayudar a prevenir ciertos tipos de cáncer como el cáncer en próstata.
9. Se cree que ayuda a combatir algunos síntomas de la menopausia.

La manera más sencilla para consumirla es pulverizada (molida). La cantidad que se recomienda es un cuarto de taza de semillas molidas diariamente, lo que implicaría dos cucharadas en la mañana y dos en la tarde.

Para molerlas se puede usar un triturador especial o la licuadora. Luego se mezcla en una taza de agua tibia, en un vaso de jugo de fruta, se esparce sobre la fruta, o yogurt.

COMO BASE CIENTÍFICA DEBEMOS DESTACAR QUE:

El Dr. J. H. Vane, ganó el premio Nobel de medicina en 1962 por descubrir el metabolismo de los aceites esenciales Omega 3 y 6 en la prevención de problemas cardiacos, destacando que el Omega-3 es uno de los componentes fundamentales del grano de linaza.

¿Sabía Usted? . . . ***¿que los pensamientos poseen un enorme poder? . . .*** ¿y que poner en práctica este conocimiento puedes mejorar su vida y cambiarla notablemente? . . . .

El saber que los pensamientos pueden tener una influencia significativa en la vida diaria no es algo nuevo.

Nuestro poder está escondido en nuestros pensamientos, deseos y sueños.

Todos los acontecimientos de nuestras vidas, independientemente de si son buenos o malos, son la reflexión de nuestros pensamientos.

Hoy en día, los científicos descubrieron que tanto los seres humanos, como los animales y los seres vivos en general, poseen una propia frecuencia, la cual puede ser medida en una escala de energía. Lo pensamientos también tienen su propia frecuencia de vibración. Los investigadores revelaron que las emociones y sentimientos negativo como el enojo, la envidia o la rabia tienen los niveles más bajos, mientras que las emociones positivas como la meditación y las oraciones tienen los niveles más altos en dicha escala.

Hay una ley universal que se relaciona con la esfera de los pensamientos, y dice que las cosas que son parecidas se atraen entre sí. En otras palabras, si el propósito es atraer cosas buenas para la vida, entonces se debe tener pensamientos positivos. De acuerdo a la ciencia, los pensamientos negativos producen baja frecuencia y estos tienden a atraer otros similares a tu vida una y otra vez.

Por otro lado si desea que le pasen cosas buenas, lo correcto es sintonizar sus pensamientos y sentimientos en las frecuencias más altas, y los resultados serán siempre satisfactorios.

Los hechos muestran que un pensamiento, no importa si es bueno o malo, debe ser sostenido solo por 15 o 20 segundos para provocar una situación de la misma frecuencia. Por esto es tan importante poder concentrarse en los pensamientos buenos y tratar de evitar los pensamientos negativos.

No hay cosa más maravillosa que sentirse positivo, motivado y con entusiasmo por la vida,

pero eso no se da solo con pensar y desear, hay que buscar maneras y estrategias para sentirse motivado y positivo en medio de las circunstancias adversas.

Creer que sí es posible proyectarse positivamente en la vida, aún en medio de los problemas es la estrategia básica!!.

Pase lo que pase, trate en lo posible de mantenerse positivo siempre! . . . . esta es una manera inteligente de preparar la mente para no desesperarse ni tornarse negativo por cada problema.

La paciencia es vital! Es necesario ir despacio pero seguro, solo así conseguirá lo que se propone.

Pensar positivamente significa ver los problemas y reconocer su realidad, pero al mismo tiempo ser capaces de encontrar soluciones a ese problema. Estos pensamientos son los únicos que nos permiten acumular fuerza interior y nos capacitan a ser constructivos y tener la capacidad de tomar las mejores decisiones.

Una persona que piensa positivamente será consciente de las debilidades de los demás a su alrededor pero aún así dirigirá su atención hacia las buenas tendencias de los demás.

Los pensamientos positivos nos dan el sentimiento de sentirnos contentos interiormente y gracias a esto lograr ser más exitosos en la vida, y mantener el mayor tiempo posible pensamientos positivos intentar llegar a lo menos al 51 % diario nos ayudará a conseguir una vida más feliz.

¡Adopte la alegría y el pensar positivo como un estilo de vida! . . . .

Hay un efecto conocido en medicina, estrechamente ligado al poder de la mente, denominado "Efecto Placebo", se produce cuando una persona que padece una determinada enfermedad, consigue curarse al tomar unas determinadas sustancias inocuas (azucares, vitaminas, etc.), que no tienen ningún efecto beneficioso.

Cómo es esto posible ? . . . .

La respuesta está en el poder inmenso de la mente. El efecto se produce cuando el paciente está convencido (gracias al médico) de que el "medicamento falso" (Placebo) le va a curar, es decir, tiene fé y cree de todo corazón que se va a curar, y a partir de ahí se inicia, de manera increíble, el proceso curativo.

Este es ni más ni menos el gran poder de nuestra mente y nuestros pensamientos.

¿Sabía Usted?. . . ¿que las famosas "Sopitas de Pollo" son realmente beneficiosas para la salud?. . .

Desde tiempos inmemoriales y hasta hoy en día hemos escuchado a nuestras abuelas recomendar esta tan preciada 'sopita de Pollo" . . . que, según ellas, "fortalecen, curan, y ayudan a todos los enfermos en sus etapas de recuperación . . . . ¿Porque será? . . .

A través de la historia, siempre se ha hablado maravillas de esta sabrosa y milagrosa sopa. Así lo grafica claramente el famoso libro "Sopa de Pollo para el alma". (Jack Canfield) cuyo nombre fue elegido para esta serie por el término de SOPA DE POLLO, de la cura en casa, para la enfermedad, por lo tanto era "bueno para el cuerpo".

Las inspiradoras historias que se incluyen en estos libros significarían ser "buenas para el alma".

Un prestigios grupo de científicos de la Universidad de Alaska, USA., asegura que dicha "sopita de pollo", la cual se compone de cebolla, perejil, apio, ajo, zanahorias y pollo, resulta ser excelente terapia medicinal, ya que posee propiedades antiinflamatorias, entre otros beneficios.

Muchos de estos estudios separan el mito de la realidad y llevan las conocidas recetas de la abuela al laboratorio con unos resultados que en la mayoría de los casos son válidos.

De acuerdo con la investigación, que fue dirigida por el especialista en pulmones,

Steven Rennard, (Universidad de Nebraska): ". . . . inhalar el vapor tibio de la sopa "afloja" las secreciones nasales, lo cual ayuda a drenar las fosas nasales. Además, el calor de la sopa también puede aliviar el ardor de garganta y puede contribuir a prevenir la deshidratación. Y es que si bien la sopa de pollo no previene o acorta la duración de un resfrío, sí se demostró que puede ayudar a reducir los síntomas, . . ." (Universidad de Nebraska).

Lo que hasta ahora era una presunción fue comprobado por estos y muchos otros estudios, los cuales han demostrado la eficacia de remedios caseros como la sopa de pollo y a su vez han engrandecido notoriamente, la figura de la abuela, que tanto insistió en que las tomáramos.

Es importante destacar que en muchos de nuestros países latino-americanos se le ha dado a la sopa de pollo una connotación casi mágica, se ofrece a quienes están débiles y enfermos para ayudarlos a fortalecerse y a subir las defensas, y a los niños y jóvenes, ya que favorece el crecimiento y el desarrollo.

¿Por qué es tan maravillosa?

Primeramente la carne del pollo contiene nutrientes importantes, su grasa es más fácil de digerir y más rica en ácidos grasos esenciales, su excelente sabor contribuye a darle ese aroma tan apetitoso que facilita la secreción de jugos digestivos, es energética y posée altas dosis de vitamina B12. Este nutriente tiene un alto impacto sobre el sistema inmunológico específicamente sobre los glóbulos rojos, ayudando a prevenir enfermedades.

Todo esto sin contar con los beneficios que nos aportan las verduras y hortalizas que utilizamos en nuestro caldo.

Sopa de pollo

Ingredientes:

Presas de pollo y menudencias cuando se desea.
1 cebolla mediana cortada en cuartos
2 zanahorias trozadas
2 papas peladas
1 tallo de apio picado (reservamos las hojas)
3 dientes de ajo machacados sal y pimienta (a gusto)

Preparación:

Cocinar en agua todos los ingredientes . . .

¡Es fácil y no tiene secretos!!

Si nunca antes escuchó hablar de esta milagrosa "sopita de pollo" es tiempo que la pruebe e incorpore a su dieta como parte de su vida.

Prepare su propia receta, . . . compártala con los que ama . . . y no olvide servirla caliente y con cilantro crudo bien picadito.

¿Sabía Usted? . . . ¿qué sonreír nos proporciona bienestar físico?

La risa es un sentimiento positivo que nos produce alegría, optimismo y deseos de vivir. !!

También está comprobado que la sonrisa y el buen humor aumenta los anticuerpos y nos protege de enfermedades infecciosas, relaja los músculos y mejora las relaciones familiares y laborales!

Sonreír es también una forma de hacer frente a las dificultades que enfrentamos en nuestro diario vivir. Es una manifestación de alegría que nos levanta el ánimo y libera las tensiones de nuestro cuerpo.

Estudios demuestran que con cada carcajada se ponen en marcha cerca de 400 músculos, incluidos algunos del estómago.

El psiquiatra William Fry ha estudiado los efectos de la risa por más de 25 años y asegura que tres minutos de risa intensa equivalen en salud a cerca de diez minutos de una máquina de remos (remar) o a 15 minutos de bicicleta. Por otro lado, un minuto de risa diario equivale a 45 minutos de relajación.

Recordemos como el famoso Dr. Patch Adams estuvo convencido del potencial del humor en la curación de las enfermedades por lo que hizo de la risa un aliado que influye en la recuperación de los pacientes. El demostró que unos minutos de alegría eliminaban el dolor por varias horas.

En las situaciones más tensas, en la mayor discusión, cuando aparece el dolor físico y psíquico. Si logras reírte de la situación, estomáticamente la habrás cambiado.

¡La Risa es contagiosa! . . . y debe siempre recordar que una sonrisa enriquece tanto a quien la recibe como al que la ofrece . . . .

¡Sonría siempre!! . . . . ¡y vivirá más y más feliz!

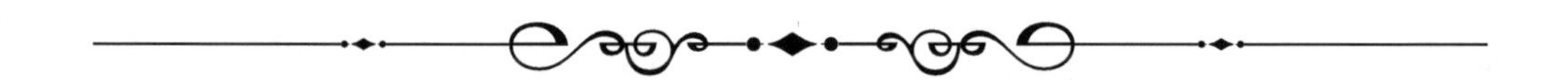

¡Datitos interesantes y curiosos !!!

* Un estudio realizado por Paul Thompson, investigador de la Universidad de California, apunta a que la obesidad puede reducir el tamaño del cerebro en los ancianos, haciéndolos más vulnerables a la demencia. Thompson sugiere que a medida que aumenta la grasa corporal es más probable que existan arterias obstruidas, lo que reduce la llegada de oxígeno y sangre a las neuronas del cerebro. La buena noticia, añade, es que hacer ejercicio intenso puede "salvar" la misma cantidad de tejido cerebral que se pierde a causa de la obesidad. Sus conclusiones se publican en la revista Human Brain Mapping.

* ¿Por qué la comida disecada no se pudre? Bacterias, hongos y otros microorganismos son los responsables de la descomposición de los alimentos. Como el resto de seres vivos, estas criaturas necesitan el agua para subsistir, así que la mejor manera para evitar que proliferen a sus anchas es disecarlas!. Y hay dos estrategias sencillas de hacerlo: con sal, que extrae el agua de los tejidos físico-químico de ella, o con los rayos del sol, que evaporan el contenido acuoso de los alimentos.

* Un estudio realizado por los psicólogos Jens Förster, Kai Epstude y Amina Özelsel, de la Universidad de Amsterdan, revela que el amor cambia nuestro modo de pensar y potencia la creatividad. En concreto, los experimentos de Förster y su equipo muestran que el sentimiento amoroso favorece el procesamiento global de la información, que se realiza sobre todo en el hemisferio derecho del cerebro, potenciando el pensamiento creativo.

* El consumo de alcohol tiende a deprimir las funciones del sistema nervioso central el cual está formado por el cerebro y el cordón espinal, afectando sus funciones. Mientras mayor sea la dosis de alcohol, mayor es este efecto depresor. Cuando el consumo de alcohol es crónico se puede producir un deterioro y una severa pérdida de la memoria. Reduce el aprovechamiento de nutrientes,. Este es un hecho de especial gravedad en mujeres embarazadas ya que se podrían dar problemas durante la gestación.

* La mejor manera de evitar problemas durante sus vacaciones, es incluyendo en su maleta todos los fármacos y productos imprescindibles para curar posibles quemaduras solares, dolores de cabeza, diarreas y picaduras de insectos.

* El estrés puede considerarse la segunda causa de caries en las piezas dentales, después de la presencia de placa bacteriana causada por una mala higiene dental, el estrés produce un

aumento en la acidez de la saliva de quien lo padece, a la vez que produce también cambios en la cantidad de salivación, atacando directamente la protección del esmalte natural que poseen nuestro dientes.

* La sandía es 93% agua. En meses de verano que es cuando nuestro organismo nos exige más liquido, esta fruta es la mejor opción, ya sea comiendo en trozos o bebiéndola en jugo y por supuesto sin azúcar) Tiene la gran propiedad de ser depurativa limpiando riñones y vías urinarias, Debido a su gran contenido de fibra, mantiene limpios el intestino. y ayuda muchísimo si el plan es una dieta de adelgazamiento.

* Para conseguir unas uñas sanas y bonitas no hay nada como sumergirlas cada día durante unos minutos en aceite de oliva tibio; luego, un pequeño masaje y notará como en pocos días se fortalecen.

* Para aclarar los dientes, mezcle media cuchta. de bicarbonato con un poquito de agua, y cepillar los dientes todos los días en la mañana antes del cepillado habitual. Poco a poco verá los resultados.

* El baño es estupendo para librarte de tensiones o estrés, pero si abusa de él, puede producir flacidez. Resérvalo para ocasiones especiales, que no dure más de 15 minutos y el agua, a menos de 38 grados.

* Para eliminar el molesto olor que queda en las manos después de hacer manipulado cebollas, tienes tres buenas soluciones: Esparcir un poco de bicarbonato en sus manos, frotar sus manos con sal o enjuagarlas con vinagre durante unos minutos. Después de aplicar cualquiera de los tres trucos, lávese las manos con jabón neutro perfumado.

* Un chorrito de vinagre de manzana después de la ducha contribuye a mantener hongos y bacterias lejos de los pies. Los zapatos de cuero legítimo evitan la transpiración y sus fatales efectos.

* Para las manos agrietadas? . . . Debemos fabricar una pasta de la siguiente forma: mezclar un par de cucharadas de aceite de oliva con una papa cruda rallada.

* Desayunar con regularidad se relaciona con un mejor consumo de nutrientes y puede contribuir a mantener un peso corporal saludable. Es especialmente importante en el caso de niños y adolescentes ya que el desayuno facilita el aprendizaje y mejora el rendimiento escolar, en particular en niños con un estado nutricional deficiente. Algunas

de las consecuencias de saltarse el desayuno son decaimiento, falta de concentración y mal humor, debido al déficit de glucosa, nuestro principal combustible energético. El desayuno nos proporciona la energía y los nutrientes necesarios para empezar el día de manera adecuada.

* Para engrasar bien el molde de un pastel hay que meterlo durante 2 minutos en el horno caliente. Luego, se unta con un trocito de mantequilla. La masa no se pegará ni en el fondo ni en los lados.

* Si se calientan ligeramente las claras de huevo antes de empezar a batirlas para preparar un postre, se observará que quedan perfectas y suben con más facilidad.

¿Sabía Usted? . . . ¿que el azúcar envejece?

¡Pues sí!!! . . . aunque parezca increíble, está demostrado científicamente que este agradable y tan utilizado alimento, no solo endulza las comidas, sino que además de engordar, también envejece.

Glicación? . . . . Así se le llama al proceso natural que se produce cuando acumulamos mucha azúcar en el organismo . . . . El problema más serio es que este elemento en exceso, daña las proteínas, causando efectos irreversibles en la piel.

Las personas diabéticas, en general presentan una serie de problemas dermatológicos, debido a la alta ingesta y acumulación de azúcares en la sangre, y esto naturalmente daña la piel. la que tiende a lucir deshidratada, opaca y flácida, dando paso a las arrugas, muchas veces prematuras.

Podemos evitar y decidir nuestro envejecimiento de manera armónica. Debemos modificar nuestros hábito al comer!. Y hacer con esto que nuestro envejecimiento, el cual es un proceso completamente natural, se manifieste lentamente y a su debido tiempo.

Todo esto se puede lograr con una dieta equilibrada y con toma de conciencia del excesivo consumo de azúcar en nuestra dieta diaria.

Es difícil . . . pero posible! . . . consuma menos azúcar y verá que su piel luce más bella y libre de arrugas . . . . no podemos eliminar las que ya existen, pero podemos reparar tejidos y evitar que sigan apareciendo arrugas prematuramente.

Sugerencias? . . . . más frutas, más verduras, menos "bizcochos y carbohidratos . . . y por supuesto . . . nuestros tan necesarios 8 - 10 vasos de agua diarios.

Si su interés es perder peso y quemar calorías suficientes para mantenerse en buena condición física . . . . busque siempre mantenerse ocupado y activo, haga un buen plan de ejercicios, y cuide su dieta con bajas calorías y alimentos sanos y fáciles de digerir.

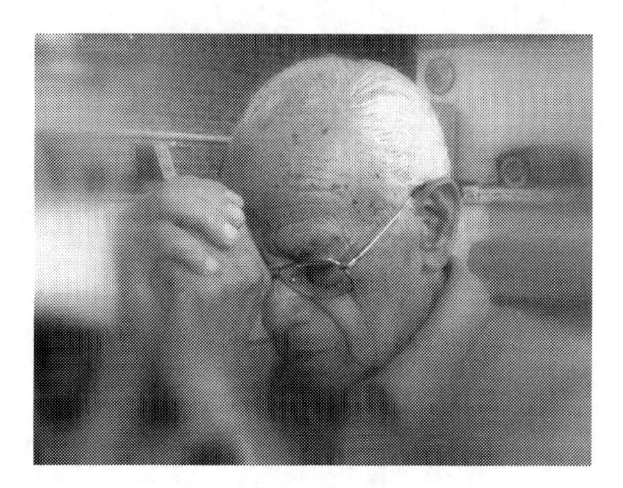

¿Sabía Usted? . . . ¿que las canas no solo aparecen por predisposición genética y edad avanzada? . . .

Mucha gente piensa que estos tan poco deseados cabellos blancos aparecen inevitablemente por factor edad y herencia, pero NO es así! . . . Hay muchas causas que las invitan a poblar nuestras cabezas . . . la continua exposición al sol por ejemplo es una de las más comunes, el stress y las preocupaciones también juegan un papel importante en la aparición prematura de las mismas., sin olvida el cigarro y el alcohol. pero, la más común y aunque pareciera ser inofensiva es el exceso de AZUCAR . . . que no sólo engorda, sino que también envejece prematuramente.

A este fenómeno se le conoce como glicacion, que ya lo vimos en el artículo anterior.

Juan Carlos Salgado, gerente corporativo de Innovación y Desarrollo Químico de L'Bel, explicó que la glicación es un proceso natural producido cuando tenemos mucha azúcar en el organismo. "El problema es que el azúcar no solo engorda, sino que también daña a las proteínas, causando efectos irreversibles en la piel," indica el especialista.

Este especialista afirmo que aún cuando el proceso degenerativo y de envejecimiento es natural, podríamos considerablemente cambiar el ritmo y velocidad de la aparición de las canas y arrugas, si tan solo fuéramos capaces de cambiar ciertos hábitos alimenticios.

La única forma de evitar que sigan apareciendo más arrugas en nuestro rostro. es bajar el consumo de azúcar y golosinas

Nosotros podemos decidir cómo envejecer de manera armoniosa . . . . consumiento más vegelates y frutas, exponiendo nuestro piel al sol con bloqueadores solares de buena calidad., el consumo de vitamina B es fundamental, nutrirnos con minerales y durmiendo las horas necesarias (7 a 8 hrs) en lugares oscuros y preferentemente de noche (las mejores horas de sueño son entre las 10 pm y las 2 am.)

DATITOS DE PREVENCIÓN

Preparar un licuado o una pasta de hojas de curry y aplicarlas en el cuero cabelludo con suaves masajes, suele ser altamente beneficiosa si se desea prevenir la aparición de canas prematuras. Estas hojas proporcionan vitalidad y fuerza al cabello desde la raíz

Hervir hojas de curry en aceite de coco, y aplicarlo a modo de mascarilla por algunos minutos, logra estimular el crecimiento del pelo y devolver, generalmente, la pigmentación natural.

Otras maravillosas hiervas como el Romero, albahaca, laurel y "cola de caballo" resultan de gran ayuda también. Se deben hervir, luego enfriar y aplicar el líquido con masajes suaves.

La naturaleza no espera, pero sabemos que podemos marcar una diferencia ayudándola un poco sólo cambiando nuestra actitud y disposición, recuerde que sonreír es una excelente terapia . . . sea feliz y disfrute del paso de los años.

***¿Sabía Usted? . . .** ¿que la cebolla estimula el apetito y regulariza las funciones del intestino? . . .*

La cebolla es una hortaliza muy apreciada desde tiempos remotos por sus propiedades curativas, y además de darle un inigualable sabor a nuestras comidas, es un remedio eficaz en una infinidad de dolencias y enfermedades, como por ejemplo, protege el corazón y las arterias, regula el tránsito intestinal y ayuda a eliminar el exceso de líquidos!

La cebolla además posee cualidades desinfectantes, sobre todo al consumirla cruda, lo que ayuda considerablemente a proteger nuestro sistema de enfermedades infecciosas.

Para que las cebollas se conserven en buenas condiciones y mantengan su olor, su sabor y sus propiedades nutritivas durante el mayor tiempo posible, hay que almacenarlas en lugares secos, ventilados y alejados de la luz, sólo hay que guardarla en el refrigerador si ya se a cortado en trozos o picado, debiendo protegerla, de preferencia, en una bolsita plástica sellada.

La razón que hace que lloremos al cortarla es que posee un aceite esencial rico en compuestos azufrados, que es el principal componente que le da ese olor y sabor tan característico.

Este aceite esencial actúa sobre las vías respiratorias, mejorando la expectoración y resultando beneficiosa en casa de sufrir catarros o bronquitis. También posee acción antiasmática y antiinflamatoria.

La cebolla cruda está indicada en dietas para personas diabéticas, ya que, además de sus bajas calorías, grasas y azúcar, la glucoquinina que contiene hace disminuir el nivel de azúcar en la sangre.

Gracias a su elevado contenido en fibra, tiene un efecto saciante y mejora el tránsito intestinal, por lo que es beneficiosa también en caso de estreñimiento.

Algunos estudios asocian el consumo de la cebolla con la inhibición de ciertos tipos de cáncer, como los de estómago, hígado, cuello de útero, piel o pulmones. No obstante, el consumo excesivo de este alimento puede provocar flatulencias.

Lo más sano es comerla cruda en ensalada, ya que sólo así conserva sus propiedades intactas.

¿Sabía Usted? . . . ¿que el Cilantro mejora el apetito en personas quesufren anemia?

Esta planta se cultiva en todo el mundo y es una de las más usada y cotizadas en la cocina.
El Cilantro posee entre sus beneficios, propiedades altamente curativas, como por ejemplo:

Facilita la digestión: Es muy útil en problemas de estreñimiento, digestiones dolorosas y otros trastornos relacionados.

Elimina gases: resulta muy útil en el caso de flatulencias, tanto en forma de Té, como en el consumo directo de sus hojas frescas.

Es antiespasmódica: calma el dolor y relaja los músculos del estómago e intestino.

Esta planta verde y perfumada es también un excelente depurador, por lo que ayuda considerablemente en el caso de colesterol alto.

Posee también propiedades antibióticas: Las aplicaciones externas ayudan en la desinfección y cicatrización de heridas.

Investigaciones de la Universidad Autonómica de Guadalaja (Mexico) y California en Berkeley (EU) en la revista "Journal of Agricultural and Food Chemistry podemos leer acerca de las bondades del Cilantro y la forma en que beneficia el tratamiento en infecciones de heridas y la erradicación de la tan temida salmonela.

Como "dato" adicional, se cree que el Cilantro favorece considerablemente la producción de leche materna en las mujeres durante la lactancia.

Hay cuatro formas de beneficiarnos con este aromática y maravillosa planta;

f. Aplicarlo como aceite en forma de masajes: Actúa positivamente sobre dolores musculares, agotamiento o debilidad nerviosa, dureza muscular, reumatismo, artrosis, circulación sanguínea, migraña y neuralgias.

f. La inhalación de cilantro: Es útil en el tratamiento de sinusitis y catarros.

f. Un rico Té de cilantro: Mejora el apetito en las personas que padecen anemia y la digestión cuando sufren de estreñimiento y también es de gran ayuda frente a dolores de estomago y gases.

Cómo preparar Té de Cilantro:

Se vierte 1 taza de de agua caliente sobre 2 cucharaditas de semillas de cilantro, anís e hinojo, se deja reposar 10 minutos, se cuela y se toma caliente sin endulzar.

f. Un Cataplasma de hojas frescas de Cilantro y aceite de oliva: Sirve de mucha ayuda en inflamaciones venosas, y posee la propiedad de ser altamente refrescante frente a inflamaciones febriles.

¿Sabía Usted? . . . ¿que una persona sana debe dormir de 7 a 8 horas sin interrupción?

¡Claro que sí! . . . de lo contrario se presentan desequilibrios, causantes de severos daños que a veces suelen ser irreparables.

Existe un vital elemento llamado Serotonina.: Esta se secreta en nuestro cuerpo a partir del atardecer, razón por la que comenzamos a sentirnos adormecidos. Ella es la encargada de ayudar al organismo a inducir al sueño. Asimismo, los niveles de

Serotonina disminuyen conforme amanece.

Este vital elemento, al momento de dormir, fortalece el sistema inmunológico, y evitamos la concentración de la hormona del estrés o cortisol, con lo que se previene la hipertensión y enfermedades cardiovasculares.

Es importante destacar que mientras dormimos disminuimos también la frecuencia cardiaca y ayudamos a estas células a regenerarse.

El sueño profundo nunca tiene lugar después de medianoche y sólo se produce cuando una persona se va a dormir al menos dos horas antes de esa hora.

Si se deja de dormir profundamente de forma regular, el cuerpo y la mente se agotan. Esto desencadena una respuesta hormonal anormal en forma de secreciones constantes

de las hormonas de estrés, entonces es cuando sobreviene la fatiga crónica, una de las principales causas o factores desencadenantes de los problemas de salud hoy en día.

Dormir es necesario para el cerebro y los beneficios que se reciben al hacerlo en las horas adecuadas son muchos:

- Piel joven gracias a la regeneración de las células cutáneas.
- Ojos brillantes, sin ojeras ni bolsas.
- Cuerpo correctamente oxigenado, gracias a la respiración lenta y profunda durante el sueño.
- Cuerpo delgado, pues se cuenta con un metabolismo mejor que permite aprovechar los nutrientes y evitar acumular grasa, además de controlar el apetito.

En definitiva, el sueño es un indicador de salud. Una cantidad suficiente así como una calidad adecuada deben ser considerados elementos indispensables de un estilo de vida saludable, del mismo modo que el ejercicio o la nutrición.

¿Sabía Usted? . . . ¿que la miel posee enormes propiedades curativas y es uno de los más efectivos antibiótico que existen? . . .

Este maravilloso alimento, fruto puro de la colmena, ha sido muy apetecido en todas las culturas a través de la historia de la humanidad! . . . En la antigua Roma, Grecia, Egipto y toda Mesopotamia, su utilización fue muy popular y significativa, tanto por sus beneficios curativos como estéticos.

Miel encontrada en las tumbas de los faraones del antiguo Egipto conservan aún intactas sus virtudes, demostrando con ello que no posee caducidad alguna. La miel formaba parte de los elementos rituales utilizados para la momificación, y se la incluía entre los alimentos que acompañaban a sus muertos durante su viaje al más allá.

Se necesitaría más de un libro como éste, si de mí dependiera enumerar la enorme cantidad de beneficios que la preciada, dulce y aromática miel posee. Como no es posible por ahora, trataré de enumerar las más importantes en este escueto espacio de mi libro:

Esta maravilla, es fuente rica de minerales, vitaminas y una sustancia llamada Inhibina. la cual actúa magníficamente frente a cuadros infecciosos, demostrando con ello, su efectivo poder antibiótico natural.

Este comprobado que muchos microbios y bacterias no logran sobrevivir a ella (inhibina) por lo que se recomienda su uso en todo tipo de llagas, heridas abiertas, aftas bucales, membranas irritadas en la garganta, entre muchas otras afecciones. (Hay que puntualizar que sus efectos antibióticos pueden variar ligeramente en función de las flores visitadas por las abejas,) Es excelente expectorantes, por lo que ayuda en cuadros gripales y en todo tipo de afecciones respiratorias.

Posee propiedades sedantes extraordinarias, es antiséptica, antihemorrágica y anti anémica ya que estimula la formación de glóbulos rojos.

Es Tremendamente energética, por lo que se recomienda a personas que padecen cansancio y cuadros de fatiga, ya que mejora notablemente el rendimiento físico.

La ingesta de este vital alimento se recomienda a deportistas, personas que realizan actividades con altas exigencias físicas e intelectuales, niños y ancianos.

Posee un poder edulcorante mayor que la azúcar siendo muy propicia a la hora de endulzar postres y bebidas.

Otro de los usos está en la estética y cosmología de la piel, ya que debido a sus características astringentes y suavizantes se suele preparar con ella diferentes cremas o mascarillas.

¿Para dar elasticidad a la piel?

Mezcle una cucharada de miel con una de yogurt natural y 10 gotas de limón, aplique sobre el rostro y presione suave con una toalla para que la piel la absorba, deje reposar unos 30 a 45 min y luego enjuague.

¡LA MIEL TODO LO PUEDE!!:

La revista "Weekly World New" de Canadá, en su edición del 17 de enero de 1995 publicó una lista de las enfermedades que cura la miel mezclada con canela.

Algunos ejemplos de esta publicación:

Picaduras de insectos: Una cucharadita de miel, dos de agua tibia y una de canela en polvo. Mezclar todo, haciendo una pasta, luego frotarla sobre la picadura suavemente.

Humectante para la piel: Diluir en leche tibia una yema de huevo y unas gotas de aceite de almendras para cutis secos o jugo de limón para cutis grasos, use como mascarilla limpiadora.

Dolor e inflamación de las articulaciones: Mezclar una taza de agua caliente con dos cucharadas de miel y una de canela en polvo. Beber una por la mañana y una por la noche. "En un estudio hecho en la Universidad de Copenhagen, los doctores dieron a sus pacientes diario, antes del desayuno, una cucharada de miel y 1/2 de canela en polvo. En una semana, de 200 pacientes siguiendo el tratamiento, 75 dejaron de tener dolor totalmente. Un mes más tarde casi todos los pacientes estaban libres de dolor, aún aquellos que casi no podían caminar"

Pérdida de cabello: Aplicar al cuero cabelludo aceite de oliva tibio, mezclado con una cucharada de miel y una de canela en polvo por 15 minutos. Logrará excelentes resultados.

Infección a los riñones: Un vaso de agua tibia mezclada con dos cucharadas de canela en polvo y una de miel, tomar mañana y tarde hasta que sea necesario.

Dolor de muelas: Una cucharadita de canela y cinco de miel, aplicar al área del dolor. repetir tres o cuatro veces por día.

Resfríos, y congestión: Una cucharada de miel tibia con 1/4 cucharada de canela en polvo. Tomar con frecuencia. La mezcla de miel con canela también alivia gases en el estómago, fortifica el sistema de inmunización, y alivia la indigestiónn.

Perdida de peso: Diario, media hora antes de acostarse y media hora antes de desayunar, beba miel con canela hervida en una taza de agua. Si se bebe a diario reduce el peso hasta de las personas muy obesas.

Dolor de garganta: Cada cuatro horas una cucharada de miel mezclada con media de vinagre de sidra.

Vejez prematura: Mezcle cuatro cucharadas de miel, una de canela y tres tazas de agua. caliente para hacer un té y beba 1/4 de taza tres o cuatro veces al día. ayuda mucho en la tersura e hidratación de la piel.

Estudios actuales realizados sobre humanos y animales, registrados por la Oficina de Medicinas Complementarias, perteneciente a la Administración de Productos Terapéuticos (TGA) del Gobierno Australiano, confirman las múltiples propiedades de este dulce néctar. Sin duda que la miel, no es sólo un alimento agradable y nutritivo, sino que presenta interesantes beneficios para la salud. La misma puede ser consumida a diario, sin mostrar ningún perjuicio para la salud, a menos que exista historia de alergia a alguno de sus componentes, o que su administración sea a niños menores de un año, ya que ellos NUNCA deben ingerirla.

Somos responsables de lo que consumimos, debemos preocuparnos de investigar y conocer las cualidades y beneficios que ciertos alimentos poseen. Sólo asi seremos altamente favorecidos y estaremos aportando calidad, salud y bienestar a nuestro cuerpo.

¡Tenemos un tesoro en nuestras manos!! . . . ¡aprovechémoslo con sabiduría!!! En las mañanas agregue a sus malteadas o licuados una cucharadita de este manjar de dioses. mézclelo con cereales, jugos o frutas.

Al momento de hacer sus ejercicios o salir a caminar, disfrute de una cuchta. de miel pura, . . . Será usted el más importante protagonista del cambio magnífico que este delicioso dorado alimento hará en su vida.

Dato interesante:

LA MIEL MÁS PURA, SE CRISTALIZA CON EL FRIO, AL PONERLA A FUEGO LENTO (BAÑO MARÍA) VOLVERÁ A SU ESTADO LÍQUIDO, RECUPERANDO POR COMPLETO SU NATURAL VISCOSA CONSISTENCIA.

Para gozar de la vida con vitalidad y buena salud a cualquier edad, es fundamental cuidar nuestra salud mental. Pasamos largas horas en gimnasios, salones de belleza, y tiendas de moda, preocupados, por sobre todo, de nuestra apariencia física. Seguimos costosas y populares dietas para vernos más bellos y esbeltos, y tratamos en lo posible de estar sanos y vigorosos . . . . ¡Está muy bien! no hay problema con eso, somos únicos y absolutos responsables de nuestros actos y decisiones . . . pero . . . . ¿hay algo que olvidamos en nuestras prioridades? . . . . ¡Piense! . . . . ¡Se nos olvida cuidar la salud de un órgano muy importante!! . . . nuestro maravilloso y único sistema de control!! . . . . el que permite la coordinación y conección entre todas las partes de nuestro cuerpo! . . . . el responsable de nuestro bienestar mental . . . . **NUESTRO CEREBRO.**

¿Sabía Usted? . . . ***¿que un cerebro activo y bien oxigenado, mantiene su buen humor y alarga su vida?***

Es necesario enfatizar en este último capítulo, la gran importancia que debemos darle a nuestro cerebro . . . . Este es el órgano que utilizamos para aprender, y como máximos responsables, debemos "mimarlo", consentirlo y cuidarlo como el gran tesoro que es. Así también es de vital importancia que estimulemos y enseñemos a nuestros hijos a nutrirlo y cuidarlo en debida forma y a cada momento, ya que con ello, ganarán más inteligencia y eficiencia en el aprendizaje y la toma de decisiones a lo largo de sus vidas.

Científicos modernos, por medio de estudios probados, han podido demostrar que las personas que se preocupar de mantener su cerebro bien nutrido y activo, logran una vida mucho más larga y satisfactoria.

El cerebro puede aumentar su rendimiento a través de una serie de ejercicios especialmente preparados para mejorar las diferentes áreas de nuestra inteligencia.

Estos ejercicios potenciarán su inteligencia, su memoria, su rapidez para resolver problemas, y su capacidad de concentración entre muchos otros.

LO POSITIVO ....

Las siguientes recomendaciones se basan en estudios de las neurociencias y se consideran vitales para mantener un cerebro saludable:

1. Alimentación balanceada: Lo primero que debemos saber es que el desayuno es la comida más importante de día! debiendo ser nutritivo por excelencia. Los buenos hábitos alimenticios son vitales para una buena salud. Los alimentos con alto contenido de ácidos grasos Omega-3 como el pescado, las nueces y otros dátiles favorecer el aprendizaje y mejora los proceso de atención, sobre todo en la etapa escolar.

2. Cuidado con el consumo de cafeína! . . . Lamentablemente en el mercado hay muchos productos que la contienen y están peligrosamente al alcance de nuestros niños, los cuales al consumirlas en forma de gaseosas y bebidas (cafeína) llevan, muchas veces a adicciones y temporales estados de alerta, por lo que es conveniente eliminar estos productos de su dieta.
3. Debemos recordar que el neurotransmisor **serotonina** es vital para la función cerebral. por lo que es necesario un sueño reparador, regular y suficiente, aproximadamente 7 a 8 horas diarias. Cuando no dormimos la cantidad de tiempo que deberíamos, nuestra capacidad de pensamiento se ve afectada y esto provoca dificultades para incorporar nuevos conocimientos.
4. El consumo de agua es fundamental!. La deshidratación puede reducir la actividad de aprendizaje, en especial la habilidad para pensar. El cerebro, al igual que el resto del cuerpo, requiere de agua para funcionar adecuadamente. (6 a 8 vasos diarios aprox.)
5. Otra de las necesidades de nuestro buen amigo, el cerebro, es la actividad física. Los ejercicios aeróbicos aumentan el flujo cerebral de histaminas, que en el cerebro actúan como neurotransmisoras y el ejercicio, en general mejora el aporte de oxígeno de los tejidos del mismo.

6. Evitar en lo posible el estrés, es una buena manera de cuidar nuestro cerebro, para ello, se recomienda, por ejemplo, practicar yoga o actividades en las que tenga que ser creativo, de modo que libere estrés y cuide su memoria. Los juegos de memoria, puzles, juegos de lógica, lectura, aprender idiomas, memorizar poemas o letras de canciones, tocar instrumentos musicales, y en general cualquier actividad educativa y física, hace que nuestro cerebro se potencie y aumente nuestro poder creativo, de aprendizaje, optimiza nuestra memoria, nuestra rapidez mental, inteligencia, facilidad de concentración y nuestras habilidades y talentos.

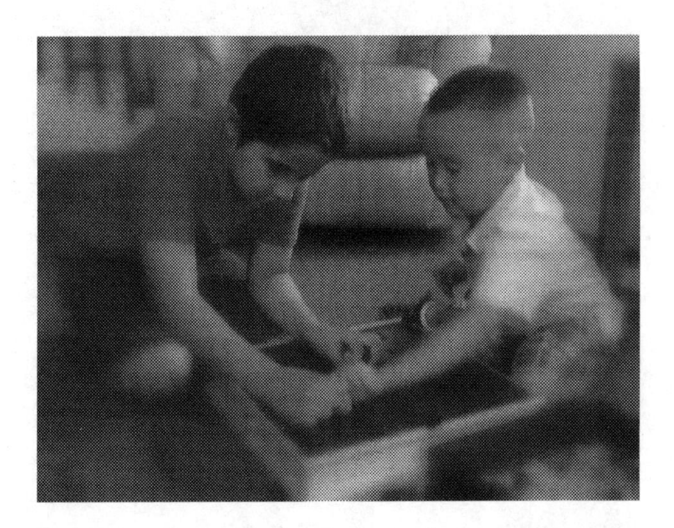

7. Otro punto muy importante, y en el cual debemos poner mucha atención, es la importancia de los pensamientos positivos, ya que estos alimentan nuestro cerebro! . . . Debemos nutrirlo hablando y compartiendo buenas cosas. Al hablar de nuestros problemas y escuchar lamentaciones, solo alejamos lo bueno y aminoramos la capacidad de nuestro cerebro. Al igual que hacemos nuestros ejercicios diarios debemos entrenar nuestro cerebro para mantenerlo saludable.
8. La alimentación es también importante: El pescado es una buena recomendación, específicamente aquellos ricos en ácidos grasos omega 3, frutos rojos, espinacas, ciertas hierbas y especias, huevos, palta o avocado, nueces y semillas, al igual que antioxidantes, que abundan en frutas, verduras y especias, frutos rojos, espinaca y palta.

Por su parte, los huevos, nueces y semillas son fuentes ricas también, de múltiples nutrientes. Comer más de estos alimentos puede ayudar a prevenir la pérdida de memoria y mejorar el aprendizaje.

9. Conocer y utilizar las cualidades de algunas plantas como: kawa kawa, ginseng, avena, valeriana y ginkgo, (esta última ayuda en la pérdida de memoria y el deterioro de las neuronas). Una dosis diaria, no sólo mejora espectacularmente las capacidades mentales, sino que actúa contra la depresión y el abatimiento, a la vez que activa poderosamente la circulación sanguínea del cerebro. En general estas plantas provocan efectos estimulantes, tónicos y sedantes entre otros.
10. Otro punto que hay que enfatizar es la llegada de la vejez. El paso de los años es inevitable, sabemos que tarde o temprano nuestra mente y cuerpo mostrará signos de ella. Sin embargo, podemos hacer una notoria diferencia en la forma de llegar a esta etapa de la vida. Podemos cambiar nuestros habitos, y poner en práctica estos sabios consejos, ya que con ello, estaremos previniendo y haciendo más lentos los efectos del paso del tiempo. El estilo de vida que llevemos será el que decida cómo y cuándo.

HIERBAS MARAVILLOSAS:

El tomillo, romero, orégano, albahaca, cebollín, ajo, jengibre, cilantro y perejil son las más comunes en nuestra cocina y se suelen consumir secas o frescas al momento de querer aromatizar o dar sabor a muchos alimentos. Ofrecen además una manera fácil de estimular la ingesta de nutrientes saludables a nuestras habituales comidas.

El jengibre: suprime la inflamación, que juega un rol principal en el envejecimiento y enfermedad del cerebro.

La canela: es antioxidante y excelente antiinflamatorio, ayuda a controlar el azúcar en la sangre y mejora la sensibilidad a la insulina, dos factores clave para la salud del cerebro.

El romero: mejorar la memoria y ayuda al cerebro a crecer y a reparar la red de interconexiones a través de la cual las células se comunican.

LO NEGATIVO . . .

¡NO A LAS GRANDES CANTIDADES DE AZÚCAR!! . . . . éstas no nutren a nuestro cerebro, mas bien, desestabilizan la regulación sanguínea de azúcar, ejerciendo presión en el sistema y predisponiendo al deterioro de la memoria. El abuso del azúcar tiene un alto costo para el cerebro. Conviene consumir dulces con moderación . . . (Para endulzar siempre opte por azúcar morena, orgánica o la deliciosa y maravillosa miel)

¡CUIDADO! . . .

Evite los alimentos que poseen glutamato mono sódico, un químico agregado a muchos alimentos procesados. Esta sustancia afecta a las células cerebrales y las lleva a la muerte.

¡OJO!! . . . ¿Hormonas, pesticidas, metales pesados y antibióticos? . . . ¡veneno para nuestro cerebro!! . . .

El cerebro es especialmente vulnerable a todos estos químicos presentes en los alimentos, aguas (muchas veces potable suelen poseer altos niveles de metales pesado) y en el aire que respiramos.

Seamos cautelosos, leamos las etiquetas de lo que compramos y cambiemos nuestros hábitos . . . . podemos hacer una gran diferencia en nuestra calidad de vida física y mental . . . . ¡está en nosotros!! . . . el tiempo de cambiar . . . . ¡es ahora!!!

El Rincón de la Dra. Corbett

Consejos Milenarios Saludables en base a Hierbas Rescatando el valor de 4 Hierbas curativas tratadas hoy, como Maleza.

Estudios científicos modernos han comprobado las acciones benéficas para la salud de algunas hierbas usadas en los tiempos bíblicos y por más de 3000 años.

Un milenario cuento chino decía que cada noche mientras la humanidad duerme los ángeles se encargaban de sembrar en los jardines las plantas que los habitantes de ese lugar necesitarían consumir para recuperar la salud y mantenerse saludables.

Hoy es el tiempo de ir al rescate de esos conocimientos y reivindicar estas hierbas que por mucho tiempo han sido tratadas y destruidas como malezas. Muchas de estas crecen en los jardines caseros y parques y son ignoradas por ignorancia.

I. Diente de león o Dandelion:

Beneficios: Tiene acciones diuréticas, desintoxicante hepático, ayuda a eliminar los cálculos biliares y la Ictericia. También tiene acciones antiinflamatorias de la próstata, el bazo, el páncreas, vejiga y riñones. Es de gran beneficiosos para el estomago y los intestinos. Por el gran contenido de Boro ayuda a elevar los niveles de estrógeno y a prevenir la osteoporosis. Muy beneficioso para las enfermedades crónicas y degenerativas de las articulaciones.

Usos:

a) En ensaladas solas o mezcladas con otros vegetales, Se consumen las hojas en ensalada con gotas de limón.
b) En Té: En los casos de complicaciones biliares consumir de 4 a 6 semanas. El Té puede ser hecho con la raíz de la planta seca y molida y poner de 1 a 2 cucharaditas en una taza de agua hirviendo brevemente y dejado en remojo por 15 minutos. Se toma una taza por la mañana y otra por la noche.
c) En jugo: Se debe tomar una cucharada en la mañana y otra en la noche por 6 semanas, por ser inofensivo se puede tomar por tiempo indefinido.
d) Sopa de diente de León: La hojas jóvenes se cocinan, se le agrega pimiento, sal, ajo rallado o nuez moscada, una cucharadita de cebolla picada o cascara de limón rallado y mantequilla.
e) La cerveza y el Vino de diente de León: Son famosos en USA, Canadá e Inglaterra.
f) Como Café: Las raíces tostadas se utilizan para preparar café, que es una bebida natural sin ninguno de los efectos perjudiciales que el café regular produce en los órganos nerviosos y digestivos. Ejerce una influencia estimulante sobre todo el organismo, ayudando al hígado y los riñones y manteniendo los intestinos en buena condición, sin causar insomnio.

Algunas Formulas con Diente de león:

1. **Para resolver las venas varicosas:**

- 1 litro de agua
- 2 cucharadas de raíz de diente de león
- 1 cucharadita de mejorana
- 1 cucharadita de Orégano

Hervir la raíz de la hierba por 10 minutos a fuego lento y agregar la mejorana y el orégano revolviendo bien y tapar para hacer hervir otros 2 a 3 minutos. Retirar del fuego y se deja descansar por 20 minutos. Colar, endulzar con miel al gusto y beber una taza 3 veces al día entre las comidas. Por un mes y se ven muy buenos resultados en la resolución de las varices.

2. **Para las Verrugas**: Romper el tallo del diente de león y exprimir la leche sobre la verruga varias veces al día por una semana la verruga se comienza a recoger y desaparece.
3. **Congestión Hepática Crónica:** Tomar diariamente por varios meses una cocción de las raíces de Diente de León cortadas en rodajas con un poco de hojas de Acedera (sorrel) y la yema de un huevo.
4. **Estomago Inflamado e irritado:** Una decocción o un extracto de diente de león beber de 3 a 4 veces al día por 3 días ayuda a mejorar la digestión y aumenta el apetito.

II. La Ortiga:

Es una de las plantas bíblicas más modestas con propiedades curativas milagrosas.

Beneficios:

Posee muchos minerales incluyendo el hierro siendo un buen tónico para las anemias. Tienen elevado contenido de Vita C que ayuda a la absorción del hierro.

Ayuda a eliminar el ácido Úrico aliviando la gota y las artritis. Ayuda a detener las hemorragias. Sus vellosidades contienen ácido fórmico e histamina que al contacto desencadenan reacciones alérgicas.

Usos: a) Jugos: Hecho de ortiga fresca es muy beneficioso en casos de edema cardiaca e insuficiencia venosa sin los efectos secundarios de los diuréticos sintéticos. b) Te de Ortiga: Considerado un diurético suave y seguro para los riñones y la vejiga. Se prepara con 1 onza de hierba en 1 litro de agua hirviendo. Beber 1 taza 2

Veces al día, ayuda a bajar la presión sanguínea.

Algunas Formulas con Ortiga Alivio de problemas respiratorios (asma y alergias):

El jugo de las raíces u hojas mezclado con miel o azúcar alivia la irritación de las mucosas broncas pulmonares. Las hojas secas, quemadas e inhaladas producen el mismo efecto.

1. Para el Bocio y bajar de peso: Las semilla de ortiga en polvo y el consumo diario por 3 mese se puede perder hasta 32 libras o 15 kilos.
2. Para el crecimiento del cabello

   Formula #1: Aplicar directamente jugo de ortiga al peinarse. Para evitar la caída del cabello se prepara el siguiente tónico:
   1 puñado de ortigas nuevas
   1 litro de gua
   Hervir a fuego lento por 2 horas, luego se cuela y se deja enfriar para poner en una botella. Se coloca luego sobre todo el cuero cabelludo noche por medio.
   Formula #2 para el crecimiento del cabello:
   Rayar raíz de Jengibre y extraer el jugo a través de un lienzo
   Mezclar con jugo de Ortiga
   Agregar alcohol 10/1
   Aplicar sobre la calvicie por 30 minutos y luego enjuagar con agua templada
   Hacerlos por 6 meses.

3. Para la potencia masculina: Se bebe la savia lechosa de las raíces. O se pican las raíces y se dejan en remojo en whisky o Ginebra por 7 días y se puede beber sorbos cuando se necesite.
4. Alivio de quemadura y Erupciones: Aplicar paños saturados con tintura de ortiga e ir reponiéndolos hasta que se vaya sintiendo alivio.

III. El Llantén o Plantaina (Plantain en Inglés):

Esta es otra hierba con importantes cualidades curativas en la antigüedad pero ignoradas y destruida como maleza en la actualidad. Se encuentra regularmente en terrenos húmedos o a orillas de lagos o riachuelos, pero crece en toda clase de tierra.

Propiedades: Es expectorante, cicatrizante, astringente, purificadora de la sangre y antihemorrágica.

Usos del Llantén: Tomar en formas Jugos en los casos bronquiales y digestivos crónicos o agudos. En los problemas de impurezas de la piel o lesiones como ulceras de decúbito, en maceración de las hojas frescas con 1 cucharada de la hierba por taza de agua hervida unas 2 a 4 veces al día.

En infecciones bucales, aftas y Encías sangrantes: Hacer enjuagues y gargarismos con el jugo de hojas frescas o en decocción.

En infecciones Oculares y de Oídos: Aplicar gotas del jugo de sus hojas directamente sobre los ojos como colirio o sobre los oídos 2 o 3 veces al día, en caso de dolor e infección.

IV. El Hisopo

Es una hierba silvestre muy aromática de sabor muy amargo, que crece espontáneamente en las montanas, en terrenos secos y pedregosos; Se delata por su olor característico.

Alcanza hasta medio metro de altura, tiene hojas largas y abundantes. Sus flores de color violeta son reunidas en forma de espiga que florece en primavera. Para su uso de flores y hojas deben ser recolectadas durante el verano tan pronto las flores han llegado a su esplendor. Se secan a la sombra y se guardan cuidándoles de la humedad.

Propiedades: Expectorantes, antiinflamatorias y estomacal. En la antigüedad se uso para la pleuresía y en combinación con la ruda se usaba para el Asma.

En los tiempos bíblicos se le llamaba la "Hierba Sagrada "y se utilizo mucho en aceite esencial para la agudeza mental y como suave relajante nervioso.

Usos:

Problemas a los bronquios, la garganta y Amígdalas: Gargarismos con una infusión de 20 gramos de hojas frescas o disecadas en 1 litro de agua.

Problemas estomacales: Esta misma infusión se puede beber como té a cualquier hora del día porque es digestiva, sudorífico, diurético, tonifica las vías digestivas y regula la menstruación.

Friegas: Diluir 10 gotas de aceite de Hisopo en 20 ml de aceite de almendras y dar friegas en el área del pecho en casos de resfríos o bronquitis. Combina bien con el tomillo y el Eucaliptus.

En baños: 10 gotas al agua para el agotamiento, las penas y melancolía.

El hisopo se usa también como antihistérico, como condimento y en la fabricación de licores.
En los tiempos bíblicos se menciona en Éxodo 12:12, Levítico 14:4, 6, 49, 51,52.
En Números 19:6,18; I Reyes 4:33, Salmos 51: 7; Juan 19:29. Hebreos 9:19.

Se utilizó como limpiador espiritual, Ayuda a enfocar la mente en la meditación, libera las adicciones y de las programaciones negativas en el ADN.

Durante la pascua, los israelitas pusieron en los marcos de las puertas manojos de hisopo junto con la sangre del cordero como protección contra el ángel de la muerte.

En los momentos de agonía de Jesús en la cruz, Mujeres piadosas le ofrecieron una esponja con vino agrio extendida en una rama fragante de hisopo. Para ayudarle con la congestión respiratoria y darle ayuda física y emocional en esos momentos.

Dra. M. Angélica Corbett: Médico Naturopático, Herbalista y Holistic Practitioner. Miembro de la ANMA (American Naturophatic Medical Asociation) con experiencia de más de 10 años en USA con la población Hispana inmigrante.

Creadora de más de 100 formulas herbales para el bienestar humano. Educadora y Autora de Manuales en Medicina Energética.

Bibliografía

El Libro Familiar de los Remedios Caseros	Michael Van Staten
Curas Alternativas	Bill Gottlieb
New Choices in Natural Healing	Doug Dollemore
The Natural Fat-Loss Pharmacy	Harry Preuss
El Poder Curativo de los Jugos	Guillermo Murray Prisant
El Médico Naturista Opina	Pedro Ródenas
Revitalizate	Jorge Perez Calvo
Vivir Sano, Vivir Mejor	Magdalena Fernandez
Centro de Medicina Holistica Terapias Alternativas y Ateneo de Estudios en Biociencias.:	Quito, Ecuador
Lexicon Remedios Caseros.	Anne Iburg
La Farmacia Popular	Joe Graedon MS. Sifu Teresa Graedon
Remedios caseros—Remedios naturales	
"The Snowbird Diet"	Donald S. Robertson, M.D., M.Sc.
Golden West Medical Center, P.C.	
Centros para el Control y la Prevención de Enfermedades	1600 Clifton Rd. Atlanta, GA 30333, USA
"La Anti-Edad. Secretos para una vida más larga, joven y sana"	Marié Morales.
Revista "Weekly World New" de Canadá, edición: 17 de enero de 1995	
Técnicas de Relajación, guía práctica	Rosemary de Payne,
Medicina Personalizada	Juan Sabater Tobella

Biografía del Autor

Lilian J. Aguayo.

Nacida en Concepción, Chile en 1962. Sus estudios básicos los curso en la Reina Victoria College, Madres Dominicas y Liceo Fiscal de Niñas de la misma ciudad. Estudió luego en la Universidad de Concepción, en Concepción, Chile, graduándose en 1985 como Profesora de Estado en Artes Plásticas. Madre de 4 hijos, Profesora de Artes, Pintora, Cantante, Terapeuta Holística, Escritora, con marcado interés en el Servicio Social, vivió 5 años en Cuenca Ecuador (1995-2000) donde desarrolló sus dotes musicales y su marcada inclinación en la Salud y Naturismo dentro de la comunidad Cuencana. A fines del 2000 se trasladó con su familia a los Estados Unidos de Norteamérica, donde se capacitó y certificó en diferentes programas en el area de cuidado de niños y bienestar físico y mental: completó: "Child Care Certification Program" en el Estado de Utah, CPR, Primeros Auxilios, Manipulación de Alimentos, Body balance y Reiki.

Hoy en día es miembro activo de Genesis Pure: Una prestigiosa compañía de productos naturales de alta y moderna tecnología, y calidad garantizada. Cuya misión es la creacción de una vida más sana, más natural y energética. Lilian J. Aguayo se define como una buscadora incesante de información valiosa en el área de la salud natural, "cuerpo mente y espíritu", por medio de lo cual pudiera llegar a la comunidad hispana y al mundo en general, abriendo los ojos a la sociedad moderna e invitándoles a modificar ciertas conductas y erroneos hábitos alimenticios.